誰是中國人

透視臺灣人與香港人的身份認同

林泉忠 著

當「崛起中國」遇上「太陽傘」

透視廿一世紀兩岸三地新關係

余英時題

推薦序

香港和臺灣的關鍵年代

文／張鐵志

二〇一四年，香港和臺灣的歷史神祕地相遇了：兩地都爆發了以青年為主的公民運動，而且都和中國因素有關。

尤其，這個矛盾都和他們脫離之前被殖民的情境有關：分別在一九四五年與一九九七年，臺灣和香港被殖民帝國交還給一個所謂的「祖國」，但這過程卻沒有經過本地人民的參與和同意，且來自所謂祖國的新政權只是用另一種殖民的手段來統治，從政治權力的分享到文化認同的強制，因此產生了後來的反抗。

臺灣在一九四七年出現二二八事件，直到七〇年代之後，反對運動和本土運動逐漸崛起，形成了新的主體性。但在世紀之交，崛起的中國又以一個外在角色影響臺灣內部民主。在香港的主權移交或者「被動回歸」後，北京從鬆到緊，一步步剝奪香港的自由與自治權，一步步強化對香港的掌控。

二〇一四年，臺灣與香港同時爆發了歷史上最大的抗爭行動：太陽花學運與雨傘運動，但兩場運動之後，臺港青年世代面對很不一樣的氣氛。

在臺灣，太陽花學運取得了部分成果（擋下服貿協議），年輕世代的本土意識也愈來愈強，且在二〇一四年底的縣市長選舉中，無黨籍的柯文哲和在野的民進黨大勝，證明了太陽花運動的政治效應。二〇一六年初的總統與國會大選，不僅蔡英文當選總統，民進黨更首次取得國會過半席次，新政黨時代力量也取得良好成績，太陽花彷彿真的開啟了一個新政治時代，雖然如今的執政者又出現許多新挑戰。

在香港，雨傘運動沒有取得成果，反而更證明體制的頑抗，讓公民社會陷入了低潮，瀰漫著嚴重的挫敗感，甚至犬儒主義。二〇一六年的立法會選舉，雨傘世代意外取得很好的競選成果，深耕社運和社區運動十年的朱凱迪更成為票王。似乎證明香港選民依然沒有放棄民主運動，只是他們期待新的聲音、新的政治想像。

但很快地，到了二〇一七年，新特首上臺，香港的環境卻更為惡劣。立法會的新議員因為宣誓過程被法院認為不合法而被取消議員資格，而此前為土地正義進行抗爭的十三名青年竟然被判入獄；就在我完成這篇稿子的此刻（二〇一七年八月十七日下午），黃之鋒、羅冠聰、周永康三位香港青年抗爭領袖，因為占領公民廣場而被判刑入獄。他們只提醒大家，不要悲觀，不要放棄抗爭。

香港真正成為一個黑暗之城。五年前人們說香港已死亡，的確，這五年來從新聞自由、官員自主、一國兩制到打人的警察，再到如今的司法、公共機構一一崩壞，香港曾經傲人的自由與法治瀕臨死亡。

過去這幾年是臺港的關鍵年代，我自己在去年出版的《燃燒的年代：青年世代、獨立文化和公共精神》也討論了臺港中三地的青年世代。不過，本書作者林泉忠教授更難得地具有兩岸三地甚至沖繩的生活經驗與研究背景，在書中深刻地討論臺港兩地的社會與政治變化，讀者或許未必同意，卻無法迴避本書提出的重要論點和資料。

無論如何，記得黃之鋒在入獄前說的這句話：「下年，當我們獲釋離開監獄的時候，給我們看到一群未放棄的香港人，還有一個充滿希望的香港，可以嗎？」

張鐵志，知名文化與政治評論家，曾於二〇一二～二〇一五年在香港擔任《號外》雜誌總編輯暨聯合出版人。

推薦序

崛起的中國，愈發疏遠的兩岸三地

文／沈旭暉

林泉忠博士活躍於東亞和兩岸四地，和這幾塊地方都淵源甚深，可謂東亞國際關係界的國際公民典範。臺灣的「太陽花學運」、香港的「雨傘運動」、日本的「反安保學運」，令東亞青年開始有命運共同體的聯繫，林教授的新書《誰是中國人：透視臺灣人與香港人的身份認同》，就是在這背景下推出的。

本書分為三部分，第一部和第二部深入分析了臺灣和香港近兩年來的社會變化，尤其是兩地年輕人對「中國崛起」這一結構性因素變化的反應，以及這一互動如何影響區域現狀和未來。第三部則將「太陽花學運」和「雨傘運動」兩個案例進行比較分析，著重強調港臺兩地「新世代」年輕人的地域身份認同在兩場運動中產生的影響。

其中一個最著名的爭議概念，就是「天然獨」。做為一種政治立場取向，這可謂深受當前臺灣年輕一代認同，而在香港，近年來就「港獨」的討論也愈發頻繁。當然，這傾向與目前中國政府強調主權、統一的取態形成根本矛盾，但據林博士分析，港臺年輕人的「天然獨」思想背後，其實深受「中國因素」影響。一方面，中國大陸政府遲遲不推進民主政治轉型；另一方面，北京近年對港臺事務的干預不斷加大，立場也愈發強硬。上述兩者共同構成了港臺年輕人眼中的「中國威脅」，正因如此，兩地年輕人在各自社會運動中逐步形成共鳴，對大陸的感性認知則愈發疏遠。

無奈的是，目前中國政府並未真正意識到「港臺年輕一代新的身份認同」這一關鍵因素，仍然遵循「敵我」二元對立的思路，將港臺年輕一代對民主自由社會政治環境的維護，視作受「境外勢力」、「敵對勢力」挑撥的結果，對港臺「新世代」抱有深刻的懷疑和抨擊。林博士在本書中認為，將香港與臺灣年輕人的政治取態根基和環境做為對比，尤其凸顯「中國因素」造成的離心力：如果說臺灣是因與大陸在內戰後分屬不同政府框架、具有傾向獨立的「天然」環境，那麼香港在英殖民時期尚未萌發的本土思潮，卻在回歸二十年後爆發，更反映中國「全面消化」香港的後天問題。

在本書中，林博士也提出「沖繩普選」的案例，或可為當前陸港、兩岸政治氣氛的參照。在沖繩美軍基地搬遷問題上，日本中央政府基於「國家安全」的立場，與沖繩當地居民有別，但因日本踐行民主代議制，沖繩地區相應的「普選」，並不被日本中央政府視作「威脅」，反而有利於雙方在民主機制框架內進行協商。林博士認為，當下中港臺三地矛盾的破局之道，在於大陸積極推動自身的民主進程，以縮小三地的民主制度鴻溝，如此方能淡化港臺年輕人眼中的「中國威脅」，使得三地的身份認同朝著民主化方向共同發展，返回「大中華」軌道。

林博士的觀點自然與筆者不盡相同，筆者做為研究中國民族主義的國際關係研究者，對民主制度能根本改變陸港、兩岸頗為悲觀，亦無法確定這不會進一步帶來反效果，至於強行進行港獨行為，自然也不會是筆者做為 realist 的選項。但是，有一點筆者完全認同林博士：民族主義、本土主義也好，以上框架都是果、而不是因，把這些案例盲目列入「分離主義」只會適得其反。無奈地，這卻正是中國以國家安全之名執行的港臺政策。閱讀書中細節，相信所有熱愛香港、也熱愛臺灣的人，特別是上一代堅信「民主回歸」的前輩，實在不無感嘆。

沈旭暉，香港中文大學社會科學院副教授及全球研究課程主任。

自序

當「崛起中國」遇上「太陽傘」——我的身份認同研究歷程與反思

身份認同——著實是一件令人著迷、有趣至極的東西。

認同的魅力

它是支撐個人身份的意識內涵，又是形成集體紐帶的社會現象；有人相信它擁有與生俱來的不變特性，也有人則一再強調它那可變的後天屬性；人們總是樂於從歷史長河中尋找可以連接的事物，又擅長將它那充滿現代建構的特質與現實利益掛鈎；它可以脆弱到可有可無，又能凝聚起無比的力量讓人拋頭顱灑熱血。

或許正因為身份認同如此有趣迷人，也可能與自己迄今在兩岸三地、東京、沖繩等地長久定居經驗有關，使我在寫大學畢業論文〈臺灣獨立運動的起因〉，有機會開始接觸身份認同問題的現實個案後，就深深地被它那複雜弔詭的魅力所吸引，並展開二十多年來對諸多身份認同、民族主義、國民整合現象等特徵樂此不疲地探尋。

從碩士論文〈蔣經國的本土化政策〉到博士論文〈「邊陲東亞」之民族與國家：歸屬變更與住民認同之沖繩、臺灣、香港比較研究〉的題目，不難看出身份認同研究已儼然成為專攻國際政治的自己一直無法摒棄的重要研究課題，也不難窺視出二十多年來我在研究認同道路上的軌跡。

東大三位恩師之影響

我的學術人生與治學方法，在三個階段深受三位指導老師高原明生教授（本科）、藤原歸一教授（碩士班）、田中明彥教授（博士班）的影響，他們的學術成就主要在大國之間的國際政治，除了藤原老師寫過民族主義的論文，大多並沒有深入涉獵身份認同、族群意識、國民整合的議題。倒是另外三位我在東京大學研究所上過課的老師，直接影響並促使我走向對這個議題不斷鑽研的不歸路。

對我的認同研究影響最大的應該是吉野耕作教授，一九九七年他在東大開的課是「族群與民族主義」，這門課讓我有系統地接觸了各種相關理論及各門派的特徵。吉野教授在倫敦政治經濟學院求學期間師事民族主義研究大師安東尼・D・史密斯，他的代表作《文化民族主義的社會學》中，尤其是對現有民族主義理論的重新整理與建設性批判，直接影響著我博士論文的理論課題，並提供了我其後研究認同個案時取之不盡的理論源泉。

同年，我還選修了鴨武彥教授的「民族主義之變容」。鴨教授時任日本國際政治學會的理事長，是國際整合理論研究首屈一指的大師。我當時碩士班入學申請的研究計畫題目是「『四個中國』之整合」，鴨教授的課自然是必修。那年「民族主義之變容」選用的教科書就是本尼迪克特・安德森（Benedict Anderson）的《想像的共同體》。安德森與《民族與民族主義》（*Nations and Nationalism since*, 1780）及《被發明的傳統》（*The Invention of Tradition*）的作者艾瑞克・霍布斯邦（E. J. Hobsbawm），再加上《民族與民族主義》（*Nations and Nationalism*）的厄內斯特・蓋爾納（Ernest Gellner），這三位民族主義研究領域殿堂級大師的現代主義視角，對我理解身份認同與民族主義的本質與現象影響至深，也使自己成為民族主義研究中的現代派學者。

另一門吸引我去上的課，是位於駒場校區的村田雄二郎教授的「中華帝國與民族主義」。村田教授是中國近代史學者，他對中國民族主義的起源及發展過程的研究，加深了我對中國民族問題與民族主義特徵的理解。我根據博士論文改寫的第一本著作《「邊陲東亞」的認同政治——沖繩、臺灣、香港》於二〇〇五年出版，村田教授在他的書評中對拙著的視角給予很高的評價。其後我負笈美國哈佛大學，亦蒙傅高義教授、杜維明教授的肯定與厚愛，沒齒難忘。

「邊陲東亞」概念之提出

「邊陲東亞」是我於博士論文提出的東亞研究的新概念，探索東亞區域的「中心－邊陲」關係在邁進近現代後的變遷，涉及「中心」（中國 vs. 日本）的更替，並就經歷了主權／治權變更的沖繩、臺灣、香港與其「中心」的錯綜關係及三地社會的國家認同問題之特徵進行比較。此一論著奠定了我的研究特色，也賦予了我在身份認同研究方面繼續耕耘不可或缺的重要力量。

時隔十多年後，到了已步入二十一世紀的二〇一四年，我主要研究對象的臺灣、香港及沖繩不約而同發生了對其「中心」激烈的反彈聲浪。三月臺灣發生了太陽花學運，大學生為抗議國民黨占大多數的立法院內政委員會草率通過臺灣與中國大陸簽署的《海峽兩岸服務貿易協議》，占領了立法院。學生的違法占領行動卻得到主流社會相當程度的同情支持，折射出臺灣社會對於「中國崛起」下兩岸的「經濟一體化」進程使北京得以憑藉其經濟力量進一步影響臺灣政治與改變臺灣社會價值的集體焦慮。

到了九月，香港則爆發史無前例的「佔中」雨傘運動。起因是北京人大常委會發表了就香港普選的「八三一」決定，該決定杜絕了占選民約六成的民主派人士不可能成為特首的候選人，因此引發了這場空前的、反中央與特區政府的抗爭運動。雖然該運動最終以失敗告終，卻進一步引發香港社會對北京加大力度直接干預香港內政、縮小香港自由空間的疑慮，也引發了香港社會的撕裂、民主派的激進化及「港獨」思潮的湧現。

東亞另一隅的沖繩，因普天間美軍基地搬遷問題引發連年的大規模抗議集會，在二〇一四年十一月十六日這天，沖繩人民選出了反對將普天間基地搬往北部名護市邊野古海岸的翁長雄志為新一任縣知事。此舉彰顯了地處日本邊陲的沖繩人民敢於向以「中心」利益為優先、不平等對待邊陲的國家暴力說不的意志。

翌年於日本召開的亞洲政經學會年會上，擔任大會主題場次主持人的若林正丈教授特地引用我的「邊陲東亞」概念及因歸屬變更經驗而結構性導致與「中心」的先天性矛盾與衝突，並引發「去邊陲化」效應，來言及二〇一四年三個「邊陲」地區的「造反」現象。

「中國崛起」與臺港認同問題關係之思考

因篇幅及本書主題的選擇，本書集中討論「中國崛起」下臺灣與香港這兩個社會在國家／民族認同上日益偏離「中國」與「中國人」現象的背景、現狀及對未來的思考。

其中涉及的主要問題意識，包括：(1)當年漢唐盛世，萬邦來朝，為何如今「中國崛起」迎來高峰期之際，已「回歸」的香港與還沒「統一」的臺灣社會對「中國」的向心力不增反減？對臺港這兩個社會而言，「中國崛起」究竟意味著什麼？(2)英國殖民統治香港一個半世紀未曾出現「港獨」思潮，為何在回歸自稱進入「實現中華民族偉大復興」的祖國後，不僅爆發了史上最大規模的反政府與民主抗爭運動，更激發了「港獨」意識的浮現？(3)隨著「中國崛起」事態的推移，中國大陸的國力與臺灣之間愈來愈懸殊，大陸的經濟吸引力理應更吸引經濟一直處於低迷的臺灣社會，事實上卻在臺灣引發更大的戒心與擔憂？(4)北京自稱大陸是臺灣人民的「祖國」，為什麼臺灣人認為中華人民共和國是祖國的只有〇·一%，在回歸後接受雷厲風行國民教育的香港年輕人有此認知的數目也在急速下降？如何解讀「祖國」語境在兩岸三地出現截然不同的認知？

本書將就以上之問題意識，既討論在國家／民族認同方面，臺灣與香港社會在面對「中國」概念上的相似性，也分析臺港社會之間在自我身份認同及政治化程度的相異之處。祈望本書能有助於理解現在進行式的臺灣與香港這兩個華人社會，在中國崛起下日益明顯的本土化趨勢，尤其是近年來年輕世代不減反增的去中國思維，提供解讀如此現象的線索。

本書是我的第一本評論文集。除了學術論著，自從二〇〇四年開始在報章雜誌撰寫評論文章以來，承蒙兩岸三地、日美等地媒體的厚愛，尤其是有幸長期擔任《明報》與《明報月刊》專欄作家，迄今文章數量已累計超過三百篇，本書部分文章之原文也出自這些媒體。感謝這些媒體與各地讀者長久以來對拙文的厚愛，日後定當努力不懈，繼續寫出更好的文章，不負諸位之期望。

誠然，此書今日得以成功出版，著實仰賴多方人士的鼎力支持與協助。首先，承蒙史學大師、華人學術翹楚余英時院士親自為晚輩揮毫題字；港臺學術與文化界才子沈旭暉、張鐵志二位仁兄為本書撰序。還要特別鳴謝時報出版社總編李采洪和主編邱憶伶由始至終的厚愛與誠懇的合作，使本書得以最佳形式公諸於世。

林泉忠

目次

推薦序　香港和臺灣的關鍵年代／張鐵志　004

推薦序　崛起的中國，愈發疏遠的兩岸三地／沈旭暉　007

自　序　當「崛起中國」遇上「太陽傘」——我的身份認同研究歷程與反思　010

第一部　臺灣：「告別中國」的歷史拐點

為何中國愈強大，臺灣愈不想統一？　021

兩岸關係會不會地動山搖？　038

當臺灣邦交國歸零，兩岸統一就近了？　044

國民黨的三個選擇　051

馬英九時代與兩岸關係　061

馬英九．釣魚臺．太陽花　073

臺灣史觀大論戰　081

第二部　香港：「後雨傘時代」的「去邊陲化」現象

香港共同體 …… 091
原來我是「香港人」 …… 101
回歸二十年，香港政治威權主義化 …… 109
被框住的香港普選 …… 117
為何臺灣不再羨慕香港 …… 126
「本土六子」與港獨 …… 131
沖繩普選啟示錄 …… 142

第三部　「太陽花」與「雨傘」的邂逅

別小看天然獨 …… 149
臺港年輕人為何不信任中國？ …… 161
太陽花學運的革命性 …… 167
尷尬的「祖國」 …… 178

附　錄　中港臺的身份認同與普世關懷 …… 193

第一部

臺灣：「告別中國」的歷史拐點

為何中國愈強大，臺灣愈不想統一？

許多人將「中國崛起」解讀為「盛世來臨」。誠然，當年大唐盛世，萬邦來朝，然而今日中國崛起，為何反而有更多香港人和臺灣人不願意當中國人？為何臺灣社會反對兩岸統一的意志卻愈來愈強？

二〇一四年十二月，臺灣中央研究院社會學研究所召開了一場名為「國家認同：臺灣社會變遷基本調查第二十三次研討會」，我出席並發表題為〈中國崛起對臺灣社會國家認同的影響〉的學術報告。根據此次問卷的民調數據，報告指出在「中國崛起的飛躍期」，臺灣社會對中國大陸的認同感並沒有增強，反而呈現出更強的離心力。

中國崛起，對世界是機會還是威脅？

經歷了自一九七〇年末起三十年的改革開放政策，中國隨著經濟力量的大幅度增強，進入二十一世紀後，逐漸呈現較為明顯的中國崛起態勢。

本文所稱的「中國崛起飛躍期」，指的正是中國經濟總量陸續超越七大工業國（G7）的時期。一九九五年中國GDP總量超越加拿大，排名上升至全球第七；二〇〇〇年甩開義大利，居第六；到了二〇〇五年擠下法國，躍居第五；二〇〇六年和二〇〇七年分別跨越英國與德國，二〇一〇年終於超越日本，位居世界第二大經濟體，僅次於美國。二十一世紀第一個十年可視為「中國崛起飛躍期」初期，二〇一〇年之後則是中期。

而中國崛起的現象，主要包含兩個層面：

一、中國經濟力量的急速膨脹。

二、奠基於經濟力量而牽引的中國整體國力的強大化，包括軍事力量與國際地位等。

步入二十一世紀之後，國際社會對中國崛起現象的普遍關注與議論，主要集中在兩種截然不同的視角：

視角一：視中國崛起為機會。看好中國經濟崛起帶來的跨國經濟合作，包括覬覦中國超過十三億人口的龐大市場。

視角二：視中國崛起為威脅，即「中國威脅論」之興起。

隨著國力迅速增強，中國的外交政策逐漸改變，主要的變化體現在堅決維護領土主權，尤其是對宣稱具有主權卻未實際控制的領土，由過去的擱置爭議，轉變到強勢維權，最明顯的例子就是中國在南海與東海的作為。

此舉一方面引發與其他領土聲索國（Claimant Country）的摩擦與競爭，促使相關國家強化自身軍力以應對中國的挑戰。另一方面也引發了國際社會，尤其是中國周邊國家，對於中國引發區域安全的憂慮。皮尤研究中心（Pew Research Center）二〇一四年調查「發現，在亞洲十一個國家中，有九個國家擔心與中國發生軍事衝突。其中，擔心中國對和平產生威脅的受訪者，在美國有近七成、日本和韓國約有八成五、菲律賓則超過九成。

「中國威脅論」引發了國際社會的危機感，尤其是主導世界的西方價值與制度。雖然中國繼續深化改革開放，在政治體制上卻堅持中國共產黨的一黨專制，拒絕政治民主化。西方世界不僅關切專制體制下成功的經濟發展個案是否有助於形塑所謂的「中國模式」，更擔憂中國藉此摧毀近代以來主導世界的西方價值體系與基於公平競爭的制度。美國政治學者伊肯伯里（G. John Ikenberry）二〇〇八年發表於《外交雜誌》的論文，直截了當以〈中國崛起與西方未來〉為題，提出「自由體系能否續存？」的質疑。

因此，想維持自由民主價值取向的國家紛紛面臨一個重要命題——「如何與崛起的中國交往？」以首當其衝的日本為例，一方面要應對「中國對尖閣諸島[2]的挑釁」，一方面又要思考如何與中國維持良好關係，以保障日本對中國的投資與雙邊經貿的正常往來。二〇一二年中日爆發釣魚臺衝突，導致日本企業蒙受損失與大量日系車遭到毀壞，日本對華投資及日資企業在中國的經營因而轉趨謹慎。

臺灣，充滿動感的邊陲力量

基於中國大陸和平統一的國策與長期的軍事威脅，臺灣對中國崛起所引發的效應，反應十分敏感。然而，臺灣所面臨中國崛起現象的本質，其實與其他周邊國家極為不同。

首先，北京對臺灣有明確的主權要求：儘管部分周邊國家如日本、菲律賓、越南等國也存在與中國的領土爭議，但中國並未對該國家整體提出領土要求。相關國家面對「如何與崛起中國交往？」的命題，與臺灣所面對來自中國大陸的威脅，本質或範圍截然不同。

再者，周邊國家對中國崛起的恐懼，直接涉及中國軍事大國化之後，對於鄰國國家安全帶來的憂患，然而，臺灣社會近年呈現的憂慮，更偏重於因為與中國經濟一體化而引發的安全危機：臺灣擔憂隨著與中國大陸經貿關係的密切化，中國將一步步侵蝕臺灣的政治主權，最終導致臺灣失去政治自主。

與中國其他周邊國家不同的是，面對來自對岸的軍事威脅，臺灣並非自中國崛起之後才開始，而是一九五〇年代第一次臺灣海峽危機至今長期存在的問題。倒是從二〇〇八年胡錦濤推行「兩岸和平發展」政策以來，兩岸經貿、人民往來趨於密切，臺灣社會呈現「戰爭指數」下降的認知。取而代之的是擔憂北京透過經濟一體化，迫使臺灣淪為中國大陸的附屬體，導致臺灣主權流失。這個憂慮在二〇一〇年《兩岸經濟合作架構協議》（ECFA）簽署後，尤其明顯。

思考臺灣在面臨中國崛起效應時，我以為，不可忽略兩岸政經互動背後那長期存在的、微妙的、臺灣與中國大陸之間的「中心－邊陲」關係。

我曾以「邊陲東亞」為概念，探討臺灣、香港、沖繩這三個東亞邊陲地區的認同問題，以及這三個邊陲地區與中心之間的緊張關係。這三個地區因為經歷過多次非自主性的主權轉移與「回歸祖國」的特殊經驗——臺灣和沖繩曾是日本殖民地、香港曾是英國殖民地——因此與中國之間，一直存在國民整合與國家認同議題上的矛盾，且在一九八〇年代之後，不約而同想「去邊陲化」。這些地區經過以上特殊經歷的沉澱，至今在認同政治議題上，仍不斷呈現出充滿動感的邊陲力量。

臺灣與大陸交往的愛情與麵包

有關臺灣社會認同的先驅研究，自一九九〇年代至今近三十年，初期研究較偏重探討省籍與閩南、客家及原住民等族群因素，後來的研究則更傾向於民族主義與國家認同。一九九〇年代初，中國崛起現象尚未出現。但隨著中國經濟力量的茁壯，經濟逐漸成為兩岸關係發展的重要因素。近年臺灣社會對中國崛起的疑慮日益增強，也促使學術界更加關注中國因素。因此，中央研究院社會學研究所於二〇一一年組成「中國效應主題研究小組」，連續三年舉辦了三次研討會。

中研院社會研究所吳乃德研究員早於二〇〇五年的研究〈愛情與麵包：初探臺灣民眾民族認同的變動〉中，就指出過去十年間，臺灣社會的認同結構發生了明顯變化，更率先提出以下假設：左右臺灣認同變遷的兩股力量，一是臺灣文化族群認同，另一則是方向相反的中國因素。

吳乃德結合後來參與中國效應的相關研究發現，儘管有過半（五六．五%）臺灣民眾對兩岸的經濟往來抱持正面態度，但同時也有六成（六一．五%）民眾認為，兩岸的經濟交往會讓臺灣政治現狀的維持更加困難，並使統一更為容易（六〇．一%），而且連續兩年認為這種兩難的態度並沒有改變。

中央研究院社會學研究所此次針對中國崛起與臺灣民眾國家認同之間的關係，得出研究結果如下：

一、在臺灣民眾的認同結構方面，「中國崛起飛躍期」的臺灣人認同明顯增強。自認「完全是臺灣人」的民眾，由二〇〇七年的五成，至二〇一三年已達到將近七成（六八．八％）（表一）。另一方面，自認是中國人的民眾占比則大幅度減弱；三分之一的民眾自認為完全不存在「中國人」的認同（表二）。換言之，中國崛起現象，無法強化臺灣民眾自我認同為中國人。

【資料來源】

表一至表六採用之主要調查資料，為中央研究院社會學研究所於二〇一三年九月進行的「臺灣社會變遷基本調查第六期第四次調查：國家認同組」。該調查之受訪對象為十八歲以上臺灣民眾，成功獲取的樣本數為一千九百五十二人。調查主要的自變項為「中國崛起」，主要的依變項為「臺灣民眾國家認同」。

表一：「中國崛起飛躍期」臺灣民眾「臺灣人」認同之強弱（%）

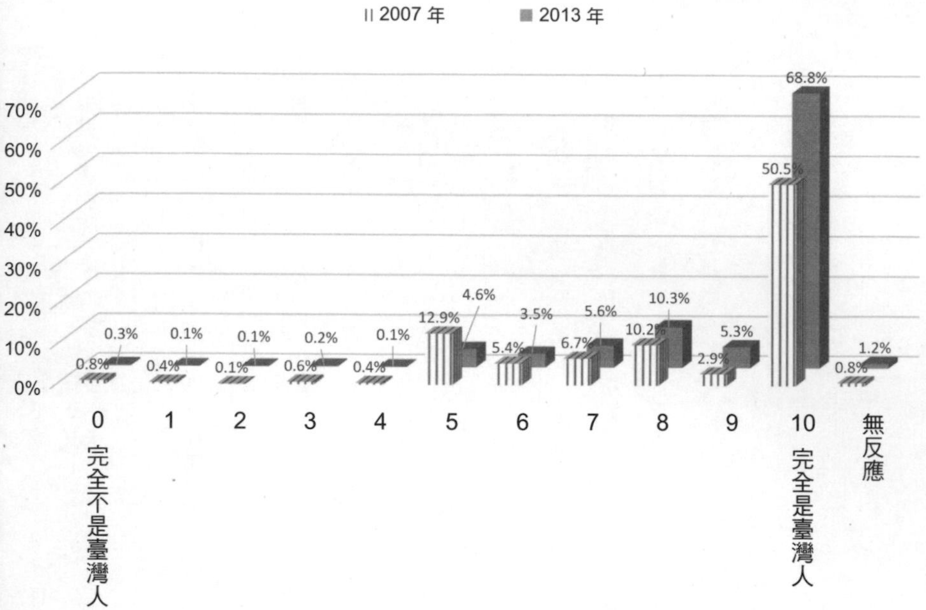

(1) 2013 年的問題為：「請您用 0 至 10 分來表示您自認為是臺灣人的程度，10 分表示『完全是臺灣人』，0 分表示『完全不是臺灣人』。請問您會選幾分？」

(2) 2007 年政大調查的問題為：「請您用 0 到 10 來表示您認為自己是臺灣人的程度，其中 10 表示完全是臺灣人，0 表示完全不是臺灣人，請問您覺得自己是臺灣人的程度是多少？」

(3) 2013 年數據中的「無反應」包括不了解題意、不知道、拒答；2007 年的「無反應」包括很難説、無意見、不知道、拒答。

表二：「中國崛起飛躍期」臺灣民眾「中國人」認同之強弱（%）

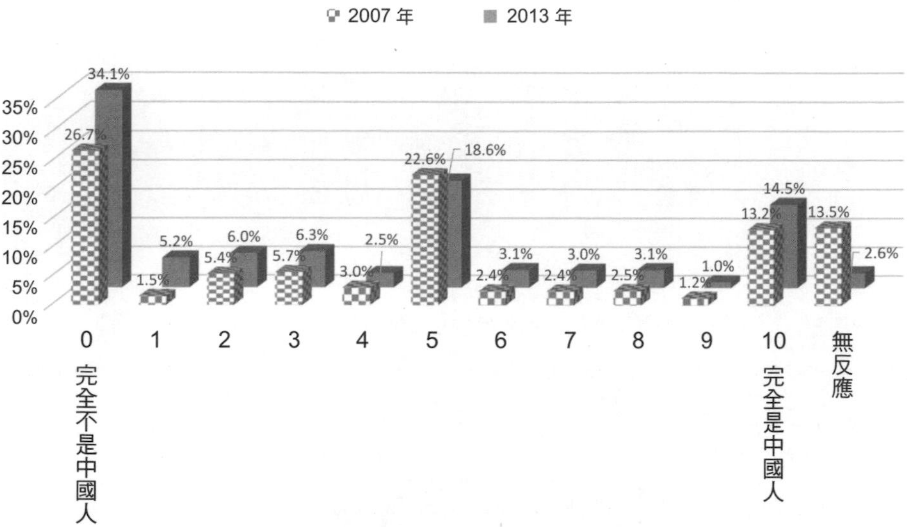

(1) 2013 年的問題為：「請您用 0 至 10 分來表示您自認為是中國人的程度，10 分表示『完全是中國人』，0 分表示『完全不是中國人』。請問您會選幾分？」

(2) 2007 年政大調查的問題為：「請您用 0 到 10 來表示您認為自己是中國人的程度，其中 10 表示完全是中國人，0 表示完全不是中國人，請問您覺得自己是中國人的程度是多少？」

(3) 2013 年數據中的「無反應」包括不了解題意、不知道、拒答；2007 年的「無反應」包括很難說、無意見、不知道、拒答。

二、雖然臺灣民眾的「臺灣人」認同明顯強化，但支持臺灣獨立的臺灣民眾並沒有因此而顯著增加。二〇〇三年，希望盡快宣布獨立的民眾占八·一%；十年後的二〇一三年，占比僅增加一個百分點為九·一%。此一現象，應與「中國崛起飛躍期」間，北京繼續維持對臺的軍事遏制力，阻止了臺獨意識在臺灣社會擴大。（表三）

表三：「中國崛起飛躍期」臺灣民眾統獨態度的變化（%）

態　　　度	2003年	2013年
盡快宣布獨立	8.1%	9.1%
維持現狀，以後走向獨立	30.1%	28.8%
永遠維持現狀	32.8%	39.1%
維持現狀，以後走向統一	21.7%	17.7%
盡快與中國大陸統一	2.1%	1.9%
無意見	0.7%	0.7%
無法決定	0.7%	0.7%
不了解題意	0.1%	0.2%
不知道	0.6%	1.6%
拒答／不願意回答	1.5%	0.3%

問題為：「對於未來臺灣與中國大陸的關係，有人主張臺灣獨立，也有人主張與大陸統一。請問您比較贊成哪一種主張？」

三、雖然大多數臺灣民眾認為，崛起中國的經濟力量是左右臺灣社會國家認同未來走向的重要變項，不過有此一認知的民眾人數也在下降。如果臺灣與中國大陸的經濟關係愈來愈密切，有五四．五％的受訪者認為，贊成和中國和平統一的民眾會增加。（表四A）若是中國大陸政府的國際地位和影響力繼續上升，有四四．二％受訪者認為，贊成和中國和平統一的民眾會增加。（表四B）

四、將近一半的受訪者認為，在中國崛起的效應下，經濟會是左右臺灣民眾未來認同走向的主要因素，其次是中國的國際地位與影響力。（此分析僅基於受訪者的主觀回應）

五、大多數臺灣民眾認為，阻礙兩岸統一的兩大主要因素是：中國繼續由中共執政，及北京不承認中華民國。接近六成（五七．七％）的受訪者認為，中國繼續由共產黨一黨專政，贊成統一的人數會減少；而且有近五成（四七．九％）的受訪者認為，中國大陸政府若不承認中華民國，贊成統一的人會減少。（表五）

六、大多數民眾傾向認為，即使兩岸距離拉近、條件日趨成熟，也不樂見兩岸走向統一，與十五年前的調查相比，已明顯發生逆轉的跡象。受訪民眾非常同意及同意兩岸統一的比例，在一九九八年大約是五六％，至二〇〇三年為四三％，二〇一三年已降為二九％，十五年來，希望兩岸統一的民眾，占比從一半以上，降為不到三分之一。（表六）

表四Ａ：「中國崛起」對臺灣民眾兩岸統一態度的影響（%）

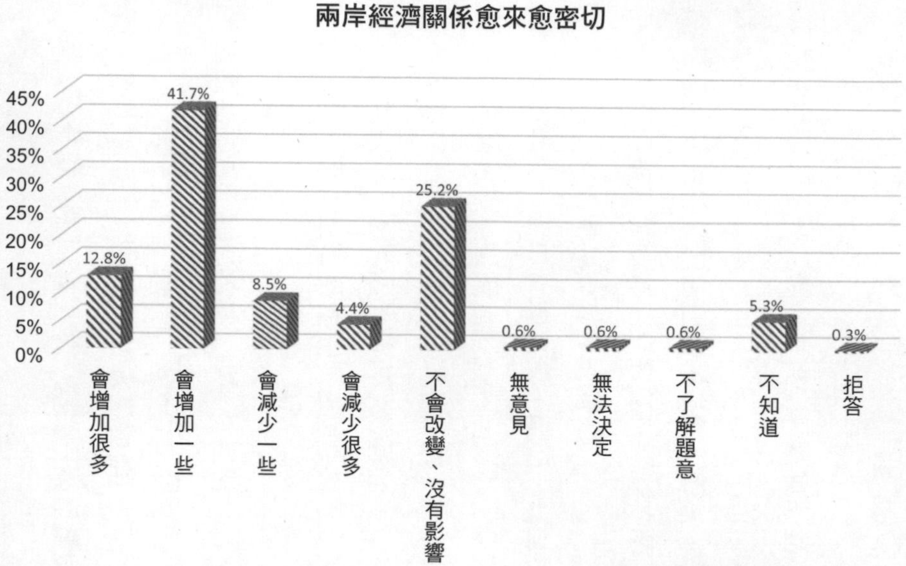

問題為：「如果臺灣與中國大陸的經濟關係愈來愈密切，請問您認為贊成和中國和平統一的民眾是會增加？減少？還是不會改變？」

表四 B：「中國崛起」對臺灣民眾兩岸統一態度的影響（%）

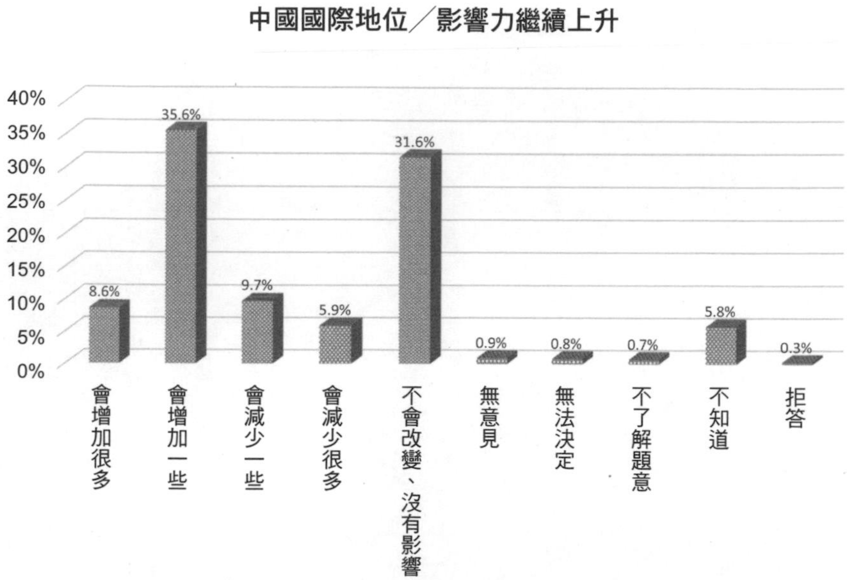

問題為：「如果中國大陸政府的國際地位和影響力繼續上升，請問您認為贊成和中國和平統一的民眾是會增加？減少？還是不會改變？」

表五：「中國崛起」期間「中共」因素對臺灣民眾「兩岸統一」態度的影響（%）

態　　度	中國大陸繼續由共產黨一黨專政【A】	中國大陸政府不承認中華民國的主權【B】
會增加很多	0.9%	3.5%
會增加一些	6.1%	11.8%
會減少一些	28.2%	24.3%
會減少很多	29.5%	23.6%
不會改變、沒有影響	27.2%	28.7%
無意見	1%	0.9%
無法決定	0.5%	0.6%
不了解題意	0.8%	1%
不知道	5.6%	5.4%
拒答	0.3%	0.3%

(1) 問題 A 為：「如果中國大陸繼續由共產黨一黨專政，請問您認為贊成和中國和平統一的民眾是會增加？減少？還是不會改變？」

(2) 問題 B 為：「臺灣民眾對於中國大陸堅持的『和平統一』主張，有不一樣的看法，有些贊成有些反對，我們想請教您下面幾個和未來有關的問題。如果中國大陸政府一直不承認中華民國的主權，請問您認為贊成和中國和平統一的民眾是會增加？減少？還是不會改變？」

表六：兩岸在經濟社會政治發展差不多後就應該統一？（%）

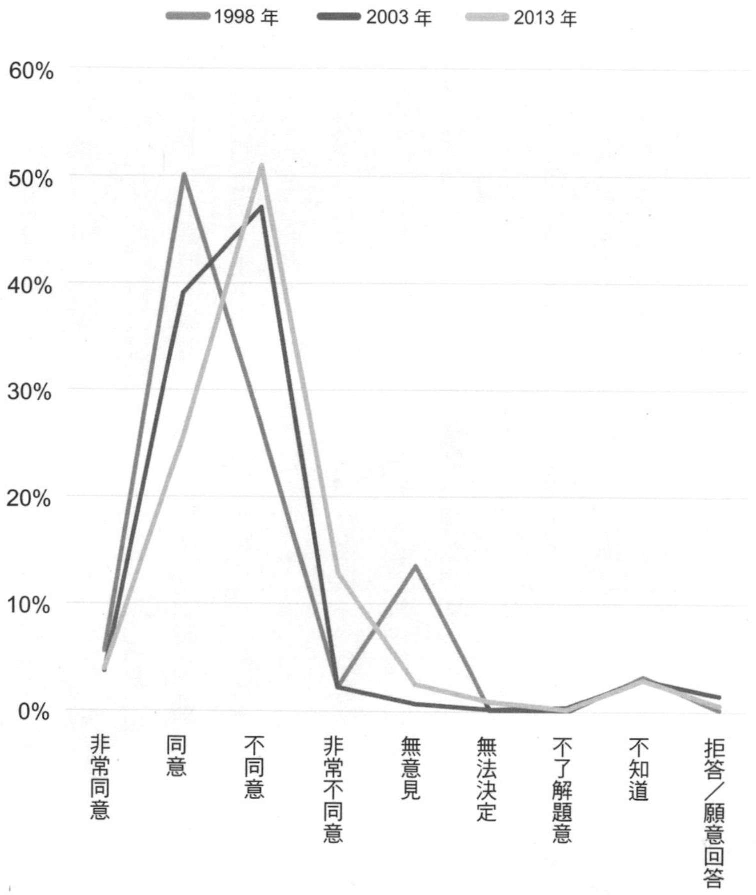

(1) 問題為：「有人認為，如果大陸在經濟、社會、政治方面的發展和臺灣差不多，兩岸就應該統一。請問您同不同意？」

(2) 一九九八年的調查結果之百分比，還包括「不知道、不了解題意」合計 1.3% 與「跳答、缺漏」的 0.1%。

總之，大多數民眾傾向認為，中國崛起之後，強勢的經濟力量有可能增加兩岸統一的可能性。不過，「中國崛起飛躍期」間，臺灣社會的本土意識與反對統一的意志卻在加強。兩岸之間的經濟因素，能否發揮對臺灣民眾國家認同的實質影響力，仍有待持續觀察。

二〇一四年三月至四月以反服貿協議為訴求的「太陽花學運」，同年十一月執政的國民黨之歷史性敗選的九合一選舉，以及二〇一六年總統大選與立委選舉，此三大事件，均被普遍認為與執政國民黨所推動的兩岸政策有關。究竟中國崛起下的經濟因素，對臺灣民眾國家認同的實質影響力是否正進一步繼續下滑，值得關注。

中國曾是東亞的老大，但上一世紀日本卻穩坐東亞一哥寶座，從日本手中重新奪回中心地位的必要條件是中國崛起。然而，在此激盪的中心更替年代，中國崛起並沒有明顯為邊陲的歸心鋪陳了綿延的紅地毯。「中國崛起飛躍期」並沒有明顯呈現昔日大唐「中心強，邊陲則弱」的現象。

中國傳統文化要求執政者必須為政以德，但近年來臺灣、香港、新疆及西藏的不穩，皆折射出崛起後的中國，仍未出現以德服人（遠人不服，則修文德以來之）的傳統中國文化內涵。

註

1 該調查於二〇一四年三月十七日至六月五日，針對全球四十四個國家四萬八千六百四十三名受訪者，結果發現亞洲十一個國家中，有九個國家擔心與中國發生軍事衝突。其中在菲律賓占九三％、日本八五％、越南八四％、南韓八三％、美國六七％的受訪者，擔憂中國對和平的威脅。

2 日本將釣魚臺列嶼（包括魚釣島、北小島、南小島、久場島、大正島、沖之北岩、沖之南岩、飛瀨等）視為琉球群島的一部分，稱之為尖閣諸島，中華民國與中華人民共和國則認為釣魚臺列嶼是臺灣附屬的島嶼。

兩岸關係會不會地動山搖？

二〇一六年臺灣大選期間，北京不斷揚言如果未來的臺灣領導人不承認「九二共識」，兩岸關係將「地動山搖」。到了蔡英文正式入主總統府，且遲遲未回答讓中南海滿意的「考卷」後，「武統論」甚囂塵上，「習近平將在任內解決臺灣問題」的傳言同樣此起彼伏。

「五二〇」是臺灣總統就職的日子，也是近年來北京關注蔡英文政策前後變化的關鍵詞。而北京對蔡英文時代的來臨，賦予高度關注的第一個焦點，正是二〇一六年蔡英文的「五二〇總統就職演說」。其實這篇洋洋灑灑近六千字的演說全文四平八穩，沒有讓任何人跌破眼鏡之處。最受矚目的自然是其中關於兩岸關係的部分，觀察重點則在於蔡英文是否會在北京一波接一波的高壓下屈服，在「九二共識」與「一個中國原則」議題上有所讓步。

親自操刀此篇演說稿的是曾任陸委會主委的蔡英文本人。儘管演說內容字字斟酌，極力避免激怒北京，卻始終既不觸及「一個中國原則」，亦未從「尊重九二會談」的基本立場，向北京期待的「承認九二共識」方向傾斜。事實上，北京雖然之前態度強硬，只要對臺灣實情有所了解，應該已能大致預料到小英不可能直截了當「接受一個中國原則」，也不會「承認九二共識」。究其原因，最主要是這兩個北京「決不讓步」的原則，並非當今臺灣社會的主流共識，而由人民一人一票選出來的總統，自然不能悖逆主流民意。

然而，只要掌握了中共的權力思維和當下兩岸社會的實際情況，不難理解即使北京有武力恐嚇臺灣的可能，卻不會引發兩岸戰爭。

北京不會再把「地動山搖」掛嘴邊

誠然，無論如何解讀，做為上任後首次公開向中國傳達訊息的「信函」，蔡英文的演說確實沒有「承認九二共識」，因此北京當局也不會就此驗收。儘管國臺辦難掩不滿神情，卻也收斂了批蔡的力度，將措辭限定在「這是一份沒有完成的答卷」上。

就北京與蔡英文新政府第一回合的角力結果而言，雖然勝負難解，至少北京在此之前揚言倘若小英「不承認九二共識，兩岸關係就會地動山搖」的威嚇，並不會付諸行動，最終只停留在「嘴皮硬」的層面。我在蔡英文甫上臺的「五二〇」期間曾撰文斷言，經歷了「五二〇演說」一役之後，展望四年乃至八年的蔡英文執政期間，北京不會再把不可能付諸行動的「地動山搖」像選前一樣掛在嘴邊，選後迄今的觀察，確實如此。

固然，北京等不及蔡英文上臺，已經推出了一系列對小英的「制裁措施」，從肯亞事件到國際鋼鐵會議事件，再到世界衛生大會（WHA）強加「一中」條件，都足以彰顯北京一開始就不打算對小英客氣。到了「五二〇」之後，從拒絕臺灣出席國際民航組織（ICAO）大會到巴拿馬斷交事件，北京更是展示出一副十足的懲罰式霸氣。然而，這些舉措雖然對蔡英文的施政產生一定壓力，卻稱不上「地動山搖」。

維持政權穩定，中南海重中之重

所謂「地動山搖」，自然是指發生嚴重動盪，隨時都有可能招致毀滅性結果。就北京的可能手段而言，不外乎：一、動用武力攻打臺灣，至少將兩岸關係逼近全面戰爭邊緣；二、實施對臺經濟封鎖，迫使蔡英文政府就範。

然而，只要能掌握中南海的權力思維，清楚理解兩岸當下各自的內外環境，就不難判斷咄咄逼人的「地動山搖」之說，不會發生。

首先，「統一臺灣」向來不是中共的優先課題，對中南海而言，唯一的「重中之重」是維持政權的穩定。除非「統一臺灣」毋須費一兵一卒，輕而易舉便能拿下，就像一九九七年「收回」香港一樣，否則中共不會貿然以武力攻臺，因為代價太高，徒增中共維持政權穩定的風險，包括GDP國內生產總值恐怕也會大幅度下調，一不小心甚至可能引發內亂，使「共朝」提早崩解。

再說，中共解放軍軍力雖然已遠勝國軍，不過臺灣的國軍軍力世界排名第十三位，實力仍不容小覷；而經過一番生靈塗炭的廝殺後，臺灣人民內心的創傷恐怕無法癒合，兩岸人民的心理距離將更加無法拉近。況且，就算以武力拿下臺灣，面對經過數十年民主洗禮的臺灣社會，中共是否有能力治理？倘若統一後，每個公家機構、每個單位都從大陸派來「書記」或「領導」，又有多少臺灣公務員願意服從其指揮調度？若打算以類似香港那樣、嚴格操控特首選舉和限制立法會全面普選的「一國兩制」方式，治理早已落實總統直選和立法院全面改選的臺灣，像二〇一三年香港「反國教運動」或二〇一四年香港「雨傘運動」等大規模反政府示威行動勢必此起彼伏，社會將永無寧日。

至於包圍臺灣、實施經濟封鎖，顯然亦非易事。撇開需要動用多少海軍力量做為後盾的技術性問題，就其經濟影響層面而言，目前兩岸都已加入世界貿易組織（WTO），有遵循國際經濟體制規範的義務。況且，兩岸經濟關係的相互依存度已經很高，在蔡英文執政初期，臺灣對外貿易有三成與中國大陸有關，封鎖臺灣經濟，必然傷害到中國自己。

北京制裁措施必須考慮臺灣民意

此外，如前所述，蔡英文是民選總統，擁有臺灣主流民意的背書，再加上她又是過去二十年來四位民選總統中最穩重、最謹言慎行的一位，因此無論是武力攻臺，還是經濟封鎖，結果都將與臺灣人民為敵，與北京「把希望寄託在臺灣人民身上」的主張自相矛盾。正因為師出無名，北京自然將招致國際社會的譴責與制裁，恐怕比「六四」鎮壓民主運動後所遭受的國際孤立之窘境更為嚴重。

基於以上內外因素，北京的「地動山搖」說，充其量只會促使蔡英文政府在處理兩岸關係上更為深思熟慮，更不會輕易修改仍以「中國」為座標的中華民國憲法，而走向「法理臺獨」。話說回來，「地動山搖」雖然沒有爆發，卻不意味著「輕舟已過萬重山」，北京仍然牢牢掌握了臺灣在國際空間的主導權。除了臺灣僅存的二十個邦交國岌岌可危，北京所握有能用於制衡臺灣的牌，恐怕也將陸續亮出。

只是，北京對臺灣的所有制裁措施並非沒有任何顧忌，都必須考慮到臺灣民意的反應。換言之，既要對「不承認九二共識」的蔡英文政府施壓、懲罰，又要避免引發臺灣民意的反感、反彈，中南海的決策者必須在每一項制裁上都拿捏得當，否則不僅容易效果不彰，甚至產生反效果，使蔡英文政府獲得更多民意的同情與支持度，讓民意變成蔡英文政府的最大應援者。

勿見獵心喜，應哀矜勿喜

換言之，儘管「地動山搖」或解放軍全面攻臺不會發生，蔡英文政府切勿因此見獵心喜，應哀矜勿喜，因為沒有「九二共識」時期的兩岸關係，客觀上仍將長期存在著不確定的因素，包括國臺辦與陸委會，甚至海協會與海基會等交流機制的中斷將持續一段較長的時期。如何成功減輕來自北京的壓力，同時穩步推動內政改革、深化民主、維護臺灣的主體性、尊嚴與價值，在在考驗蔡英文政府的智慧。

當臺灣邦交國歸零，兩岸統一就近了？

自從一九四九年後國共分治臺灣海峽兩岸以來，延續了超過七十年的兩岸關係走到今天，日益凸顯兩大特徵。其一、兩岸關係愈來愈脆弱，尤其是「中國崛起」後兩岸力量日趨懸殊之下；其二、兩岸關係的主導權不僅依然握在中國手裡，且中國可操控的空間愈來愈大。在此新的兩岸環境變化之驅使下，臺灣的國際空間日益縮小似乎愈來愈難以避免。不過，中國若認為臺灣邦交國歸零，就離兩岸統一不遠；或以為步步進逼最終將迫使蔡英文「承認九二共識」，恐怕就是嚴重誤讀了經歷過民主化、本土化與「太陽花學運」的臺灣社會。

蔡英文剛執政滿一年，隨即遭遇外交上的重大挫折。源於清末、並延續中華民國整整一百零六年國祚至今的「中華民國－巴拿馬」外交關係，已於二〇一七年六月十三日畫下句點。

如何解讀「臺巴斷交」的效應？

毋庸置疑，此次「臺巴」斷交，對蔡英文上任後推動的「踏實外交」是一大重挫，如何在剩餘的任期內，重新思考擴展臺灣的外交空間，固然是既繞不過去又難以輕易克服的棘手難題。同時，在藍營砲火對準蔡英文無力改善兩岸政策，而獨派則藉此呼籲在外交上放棄「中華民國」國號，並正名為「臺灣國」的兩面夾擊下，蔡總統會否因此調整兩岸政策，放棄「不搞法理臺獨」的「維持現狀」路線，成為另一個觀察焦點。

另一方面，北京當局此次出重手，目的自然不會只停留在對蔡英文的「懲罰」上，更希望藉此「打擊臺獨氣焰」，從而逼使蔡英文「回到正確的軌道上來」，也就是承認「九二共識」或「兩岸同屬一個中國」。不難預測，臺灣面臨的這場「外交危機」很可能引發骨牌效應。事實上，失去巴拿馬後，隨即傳出臺灣五個外館在北京當局的壓力下被迫更改名稱。

如今，臺灣社會已在議論未來「邦交國歸零」的可能性。國臺辦主任張志軍在二〇一七年「兩會」期間曾發出重話，警告「臺獨走到盡頭就是統一」。不過，倘沿此思路，認為臺灣的「邦交國」歸零之日，就離兩岸統一之時不遠了；又或以為北京當局如此步步進逼，最終必將迫使蔡英文接受「九二共識」，逼使臺灣社會接受「一個中國原則」，則未免率爾操觚，嚴重誤讀了經歷過一九九〇年代以來的民主化與本土化，尤其是二〇一四年「太陽花學運」後的臺灣社會。

戰後臺灣的「國家化」與「中心化」

對北京當局而言，「中華民國－巴拿馬」外交關係如今才終止是「遲來的正義」，其中涉及到一段一九四九年後中華民國與中華人民共和國的「中國代表權」之爭。

二戰結束後的國共內戰於一九四九年告一段落，中共於大陸成功建政，蔣介石率領的國民政府則敗退臺灣。此後形成國共於兩岸分治的局面，雙方互爭「正統」，各自宣稱是「代表中國的唯一合法政府」。前二十二年，在東亞冷戰格局成型，美國轉而支持臺灣的情勢下，失去大陸的蔣介石仍以「中華民國」代表中國之姿，成功維持了在聯合國的席次和安理會「五大國」之一的地位。從臺灣本土社會的視角而言，此為過去被定位為「帝國邊陲」的臺灣，戰後在「中華民國」的框架下，所經歷的「國家化」與「中心化」過程。此一時期，不僅美國總統艾森豪（一九六〇年）、日本首相岸信介（一九五七年）得以訪臺，臺灣還與美國簽署了《中華民國與美利堅合眾國間共同防禦條約》（一九五四年－一九七九年），基於此同盟關係，美國第七艦隊也得以訪臺（一九五四年），協防臺灣。

然而，其後臺灣的國際地位急轉直下，遭遇挫折的「國家化」與「中心化」，甚至「中華民國」本身，隨著一九九〇年代「民主化」與「本土化」的進程，被賦予了新的內涵。

經歷一九七一年「退出聯合國」和一九七八年「與美國斷交」，當時仍堅持「漢賊不兩立」的中華民國，國際地位一落千丈，邦交國大量流失。整個七〇年代，臺灣的外交部一時成了「斷交部」。儘管放棄「反攻大陸」，那時的蔣經國仍然強調自己「代表中國」的合法性，同時堅持「三民主義、統一中國」的國家發展方向。另一方面，為延續政權的合法性，蔣經國開始推動「本土化政策」，延攬本省籍菁英進入權力中樞，但更多的本土菁英則以在野的「黨外」勢力迅速崛起。簡言之，整個一九八〇年代是「中華民國」走向「本土化」的過渡期。在此期間，中華民國的外交政策思維仍未改變，雖然邦交國日益減少的趨勢不變，卻還有像南非、韓國等具有一定實力的國家，與臺灣維持著正常的外交關係。

從「正統中國」走向「告別中國」

一九九〇年代是臺灣在政治、社會、文化等領域發生重大變革的年代，對外關係也在此一浪潮下，隨著對「中國」定義的重新理解，出現了新的思維。

隨著一九八七年戒嚴令的解除，臺灣迎來了社會自由化與政治民主化的新時代。經歷了「野百合學運」之後，李登輝啟動「憲政改革」，並於一九九一年廢除了凌駕民主憲法的「動員戡亂時期臨時條款」，使一九四八年在中國全國選出的國民大會代表與立法委員得以在臺灣全面改選。此舉一方面意味著中華民國的本土化，另一方面也使中華民國進一步失去了「代表全中國」的正當性。換言之，兩岸爭奪「中國代表權」的年代終於宣告終結，此後的臺灣逐漸走向了「告別中國」的年代。

除了「由上而下」的憲政本土化，一九九〇年代更是臺灣社會「由下而上」全面進入本土化的年代。此一時期，「臺灣人」意識迅速增強，到了一九九〇年代後期已超越原本占主流的「中國人」意識，標誌著「臺灣民族主義」的興起。在此脈絡下，「兩岸統一」不再成為臺灣社會未來的主要選項，「中華民國」純粹只是臺灣的國號，不再與中國大陸有任何連接。儘管國民黨仍然抱持著「連接中國」的國家論述，但是由於北京當局一概不承認「中華民國」的存在，也使國民黨的國家論述失去了現實意義，並逐漸被臺灣社會，尤其是「太陽花學運」後崛起的「天然獨」世代所拋棄。

一旦理解了上述臺灣社會國家意識的變遷脈絡，相信就不會再天真地認為，藉「太陽花效應」而入主總統府的蔡英文會因為與巴拿馬斷交就「承認九二共識」或「一個中國原則」。

「臺巴斷交」是一把雙刃劍

誠然，當今「中國崛起」，北京當局憑藉著早已與臺灣發生逆轉的經濟力量和國際影響力，確實有足夠的能力讓臺灣的邦交國數量歸零。不過這種憑藉財大氣粗的懲罰式舉措，充其量只能打擊蔡英文政府的民望和政績，並不能改善臺灣社會對中國的離心力，甚至會產生反效果。而臺灣社會似乎也已做好「沒有邦交國」的心理準備，適逢此次及上次與聖多美斷交之際，民視《政經看民視》節目分別做了直播民調，「寧可歸零也不願砸錢」穩住邦交國數目的人，占了壓倒性的九九．五%。甚至還有些民眾表示樂見與巴拿馬斷交，「因為可以省很多錢」。

失去巴拿馬之後，臺灣僅剩的二十個邦交國，都是一些國力和人口比臺灣小，且除了梵蒂岡之外，都不具有國際影響力的國家，因此有些輿論強調，未來臺灣應另尋出路，將重點放在強化與臺灣友好、關係密切且具國際影響力的非邦交國家上，如美國、日本等。前副總統呂秀蓮則強調推動「全民外交」，鼓勵臺灣每一位國民都努力透過與海外的聯繫，提高臺灣的國際能見度與支持力量。前行政院長游錫堃則拋出，乾脆以「臺灣」之名取代「中華民國」，重建對外關係的論調。現存的二十個邦交國，臺灣都是以「中華民國」名義維持雙方的外交關係，游錫堃的主張，其實揭示了北京當局不承認含有「中國」意涵的「中華民國」此舉，正是使臺灣社會愈來愈「本土」、愈來愈「傾獨」的結構性原因之一。

近年來，一如既往、長年累月將「統一」掛在嘴邊的北京當局強調「寄望於臺灣人民」，我認為以民意為依歸的此一思路值得肯定。然而，以懲罰式的姿態，「打壓臺灣的國際空間」，多年來已證實此舉無助於拉近中國與臺灣人民之間的心理距離。

北京當局主導的「臺巴斷交」戲碼，儼然已成為一把「雙刃劍」，一方面可能產生打擊蔡英文政府威信的效果，另一方面也造成進一步失去臺灣民心的反效果，折射出北京當局在有效爭取臺灣人民歸心的議題上，近七十年來一直陷於不得其門而入的窘境。

國民黨的三個選擇

繼續沉淪或浴火重生？後馬英九時代的國民黨將何去何從？國民黨能否東山再起的關鍵，在於如何處理長久以來堅持「連接中國」的國家論述。本文將指出國民黨要繼續生存下去並且恢復元氣，同時維持與民進黨繼續政黨輪替的政治能量，除了延續馬英九路線之外，還有三個選擇。

經歷了二〇一六年一月十六日總統大選與立委選舉的歷史性挫敗後，國民黨先後迎來了深藍的洪秀柱與本土派的吳敦義兩任路線南轅北轍的黨主席。然而，即使蔡英文主政後的支持率每況愈下，卻同樣未能清晰看出國民黨得以有效擺脫後太陽花時代一蹶不振的頹勢。究竟國民黨重生的關鍵點在哪裡？不僅是所有國民黨的支持者，相信也是所有心繫臺灣前途與兩岸關係走向的朋友們的關心所在。

洪秀柱——後馬英九時代被捨棄的過渡人物

洪秀柱與吳敦義先後當選新一任國民黨主席後，我曾撰寫多篇文章，包括〈國民黨的三個選擇〉（臺灣《蘋果日報》二〇一六年四月九日）及〈國家論述——國民黨重生的關鍵〉（香港《明報》二〇一七年五月二十三日）。這些拙論都集中探討國民黨在後馬英九與後太陽花時代的走向，焦點落在國民黨能否浴火重生，恢復成得以繼續與民進黨分庭抗禮的政治勢力。

因應二〇一六年一月十六日的歷史性敗選，朱立倫隨即辭去國民黨主席一職，並於三月二十六日舉行補選。因之前總統大選期間國民黨的「換柱」風波而聚集的同情票，再加上對手黃敏惠的弱勢以及馬英九等黨內大老「保持中立」的影響下，最終由洪秀柱在深藍「鐵票倉」的「黃復興黨部」全面支持之下，在第一輪即贏得七萬八千八百二十九票（得票率五六・一六％），成功當選國民黨黨主席。

然而，基於洪秀柱的深藍色彩、內心對「一中同表」的堅持，以及推出包含簽署「兩岸和平協議」的《和平政綱》等與臺灣社會主流民意背道而馳的作為，我一開始就斷定洪秀柱只是後馬英九時代國民黨內混局中的過渡人物。事實上，到了一年後的二〇一七年五月二十日新一任國民黨主席選舉時，本土派色彩根深柢固的吳敦義在第一輪即獲得過半的五二・二四％得票率而直接勝出，使洪秀柱成為國民黨史上第一位無法連任的黨主席，印證了洪秀柱的深藍意識形態及相關政策思維在當下的國民黨內未能占據主流地位。

事實上，未待八二〇正式就任黨主席，吳敦義陣營已於七月九日成功在國民黨中常會上通過了八二〇全代會新版黨的政策綱領草案，最受矚目的「兩岸政綱」部分，刪除了洪秀柱時期的「和平協議」、「深化九二共識」等關鍵詞，而以「和平願景」取代「和平協議」，同時維持前總統馬英九提出維護臺海和平的「不統、不獨、不武」政策方向。

擠壓與拉攏——北京應對吳敦義的兩手策略

本書出版時，正值吳敦義正式就任國民黨主席之際。吳敦義雖然強勢當選，卻面臨就任後的幾大難題，當務之急自然是黨內的整合，焦點在於如何獲得洪秀柱及其支持者的信任。洪秀柱雖然連任失敗，但支持者仍占黨員兩成以上，而且國民黨最忠貞的黨員大多集中在洪秀柱這一邊，包括具有國軍系統背景的黃復興黨部。如果加上黨員屬性相近的郝龍斌支持者，則深藍黨員應占三成以上，如何整合，顯然是吳敦義就任後最頭痛的問題。結果，吳敦義選擇了「削洪扶郝」戰略。一方面削弱洪秀柱勢力的意志，這從他上任前透過中常會解除孫文學校張亞中總校長的職務，即可窺知。另一方面，又延攬郝龍斌以副主席身份加入他的領導團隊，以穩住黃復興黨部的支持。

另一個吳敦義上任後的難題，是如何維持自從二〇〇五年連戰首訪大陸後，國民黨與北京建立的互信關係。由於吳敦義的本土色彩濃厚，北京早已充滿戒心，並率先在習近平發給他的賀電中特別加重語氣，寄望吳敦義「堅定反對臺獨」、「把握兩岸關係和平發展正確方向」。言下之意，是擔憂吳敦義在「反獨」議題上不夠堅定、掌握不準、容易搖擺。由於中共十九大在即，北京對臺政策愈加收緊，也使得吳敦義承受更大壓力。就在吳敦義上任黨主席的一個月前，北京新華社公布「新華社新聞報導中的禁用詞和慎用詞」（二〇一六年七月修訂），其中包括不得提及「中華民國」、「一中各表」等讓國民黨難堪的禁用語。

緊接著，具北京背景、在香港註冊的中評社連日陸續發表批評吳敦義的「快評」，先是七月二十六日在題為〈還在「一中各表」，國民黨抱殘守缺〉的文章中，開面見山、措辭嚴厲地指出「『一中各表』是一面舊旗，也是一面破旗」；甚至指陳國民黨的衰落是因為「馬英九當政八年，堅持『一中各表』，甚至有所謂『不統、不獨、不武』，不敢在兩岸政策上積極地突破及超越，終至執政失敗，斷送政權」。文章的結論更直搗黃龍，一針見血放言「大陸對待『一中各表』已不再有模糊、彈性空間」，並警告吳敦義的「國民黨不該抱殘守缺，作繭自縛。『一中各表』表出來的結果就是『兩個中國』或『一中一臺』」，揭示了曾經對馬英九客客氣氣的北京，似乎對日落西山卻仍然「自欺欺人」的國民黨已經失去耐性。

若即若離——吳敦義時代的國共關係

八月九日，中評社再發表「快評」，題為〈卡和平協議刪和平政綱，國民黨質變中〉，文中加強力道否定吳敦義的兩岸政策，批吳以全民公投為和平協議設限，等於由臺灣全民公投臺灣前途、公投臺獨，這將觸及大陸底線。文章最後更毫不客氣警告「已如破落戶的國民黨，如背叛創黨初心，走『臺灣化』之路，將丟掉自己擁有的、僅剩的處理兩岸關係方面的優勢，注定沒有前途，更無中興再起的一天」。具北京背景的媒體重鎮，以此筆調批判國民黨，實為一九九〇年代狠批李登輝以來未曾有過。吳敦義所承受來自北京的壓力，不難想像。

然而，只要了解臺灣社會自一九九〇年代以來的本土化趨勢，自然就會清楚明白，國民黨要在臺灣繼續生存，並伺機捲土重來，向主流本土社會靠攏已無可避免。當然，北京眼中吳敦義的「本土化」是否足以與臺灣本土主流社會連接，則是另一個問題。

其實，我並不認為北京就此把吳敦義視為敵人。這次雖然中評社火力全開，毫不留情，卻沒有明顯看到總部設在北京的主要官媒配合呼應，由此不難看出北京的兩手策略：一方面給還沒上任的吳敦義施壓，警告他別往「本土化」走得太遠；另一方面則是試探國民黨的反彈力度，從而確認今後北京能影響國民黨到何等程度。儘管北京對吳敦義不可能像對洪秀柱那樣信任，也難以將吳敦義與對中華民族情感深厚的馬英九、講出「兩岸同屬一中」的朱立倫等人同等視之。

不過，由於吳敦義明確承認北京最在意的「九二共識」，也明確表明「反對臺獨」立場，再加上在別無選擇的情況下，北京只得退而求其次，積極尋求拉攏吳敦義，避免他脫離十二年來國共兩黨就兩岸關係達成的「反獨」共識。而吳敦義上任後，遲早將有一次以國民黨主席身份的大陸之行，我研判北京一定會好好利用此次行程，盡力拉近與吳敦義的距離，以增大對他的影響力。而拉攏國民黨，包括之後歷任國民黨主席，將會是北京的長遠戰略。

國家論述——國民黨與天然獨世代的先天性代溝

儘管北京對吳敦義的本土化路線處處提防，但倘若把視角拉回臺灣，不難觀察出其實對後太陽花學運的天然獨世代而言，吳敦義的「本土化」思維早已跟不上時代：洪秀柱與吳敦義只是五十步與百步之間。

誠然，以吳敦義善於經營地方人脈的長處來看，由他來帶領國民黨備戰縣市長乃至總統大選、立委選舉，都遠比與地方黨部脫節的洪秀柱來得有看頭。然而，這並不意味著吳敦義能成功帶領國民黨東山再起，重奪政權，癥結卡在吳敦義與年輕世代向來缺乏交集。不僅僅是吳敦義年近古稀，也不僅僅是他根深柢固的「白賊（說謊）義」形象，更是其無法擺脫的、國民黨在二〇一四年太陽花學運後一蹶不振的困境——讓「天然獨」世代無感的國家論述。

國民黨傳統的國家論述，是「連接中國」的國家論述。此論述承接來臺後兩蔣時代的傳統思維，一直延續到近期的黨主席，包括馬英九、朱立倫及洪秀柱任內。然而，這些對「中華民國」的國家歷史、定位與發展方向的論述，對在太陽花學運崛起的「天然獨」世代而言，已明顯失去吸引力。

國民黨「連接中國」的國家論述包括了兩個層面。其一，連接民國三十八年（一九四九年）以前的中國大陸，追溯至辛亥革命與民國建立，甚至遠至清末的同盟會和興中會的國民革命時期，而這段還包括國共合作、北伐、抗戰、戡亂的歷史，恰恰是國民黨忠貞黨員最難以割捨的信念與情感之所在。重點是，如此的「國史觀」對當下眾多太陽花世代的年輕人而言，卻是「與我無關」的「他國歷史」。

其二，連接未來的「統一中國」。基於九〇年代以來臺灣政治與社會的本土化趨勢所導致國家認同的變遷，在馬英九與朱立倫兩位黨主席任內，國民黨幾乎已絕口不提「兩岸統一」。然而，於民國十三年（一九二四年）通過的中國國民黨黨章，雖然迄今經歷過二十次修改，仍堅持強調「追求國家富強統一之目標，始終如一」。事實上，至今沒有任何一位黨主席敢在任內排除「兩岸統一」做為黨的努力目標及未來的選項。

根據黨章所揭示的涵義，國民黨的「統一」主張是「三民主義、統一中國」。然而，如此論述在民國三十八年後兩岸分治長達近七十年的今日，尤其是經濟進步神速、國力日益增強卻依然明確拒絕民主憲政的「中國崛起」之下，在臺灣的年輕世代看來，實現此目標的可能性近乎於「零」。加上連戰以來的歷屆國民黨主席不僅沒有制定實現「三民主義、統一中國」的路線圖，甚至在中共領導人面前也不敢提出「中華民國」存在的事實。至此，讓人不禁想詰問包括新舊黨主席在內的國民黨高層及一般黨員：黨章所揭櫫的「三民主義、統一中國」是否應該續存？如果是，該如何邁向此目標？

中國國民黨未來的三個選擇

眾所周知的殘酷現實是，經歷了太陽花學運後的「天然獨」世代，對於將臺灣的未來與「中國統一」連接，已明確展示出說「不」的姿態。換言之，如何處理國民黨長久以來堅持的「連接中國」國家論述，並有效地讓臺灣的年輕世代「有感」，我以為將是決定國民黨能否在未來恢復昔日氣勢的關鍵所在。

遺憾的是，即便是號稱國民黨本土派的吳敦義在就任黨主席之後，迄今也沒有出現敢就國民黨「連接中國」的國家論述，提出在黨內展開一場大辯論的呼聲。吳敦義也與朱立倫及洪秀柱兩任黨主席一樣，上任初期仍是「反省」、「改革」不離口，仍然對於整個國民黨為何淪落到如今窘境之深層原因缺乏真誠確實的理解，也忘了左右之前「九合一選舉」與總統大選、立委選舉結果，以及太陽花學運所凸顯的、臺灣社會對兩岸經濟一體化使北京在左右臺灣政治、改變臺灣社會價值方面更有著力點的集體焦慮。

如今，國民黨處於轉型路口，除了繼續馬英九以來延續中華民國史觀、堅持「中國座標」，同時積極「向中共靠攏」卻結構性導致國民黨歷史性衰落的路線外，我認為還有三個選擇。

一、勇敢調整行之已久的國家論述，與臺灣本土主流民意接軌。二〇一六年總統大選前的「換柱」風波揭示了當時國民黨的主流派已理解到，未來要繼續在臺灣社會生存，做為一個有競爭力的政黨，必須以符合主流民意的「選情」為依歸，若無法打贏選戰，一切漂亮的政策論述都沒有意義。倘以此認知並做此選擇，則國民黨必須徹底本土化，並非吳敦義身披「本土派」外衣（吳連外衣也沒有換，形同拒絕改名）就可暗渡陳倉，這包括了必須無可避免地放棄連接「中國」的國家論述。而徹底本土化後的國民黨國家論述，不再與一九四九年之前的中國大陸連接，也不再以辛亥革命及民國建立的一九一二年為國史起點。沒有了連接「中國」國家論述的包袱，國民黨有可能重新獲得掌握未來的年輕世代的支持，也才有可能重新成為臺灣最有競爭力的主要政黨之一。

二、繼續堅持連接「中國」的國家論述，同時制定實現「三民主義統一中國」及國民黨於一九九〇年代主政時期頒布的《國家統一綱領》中揭櫫的「建立民主、自由、均富的中國」

路線圖，以說服臺灣年輕世代。而為了實現此一目標，國民黨必須重新調整與北京的關係，在一些議題上也無可避免地必須與北京清楚切割。此外，在兩岸政策的部分，同樣必須包含向中共施壓的具體措施，迫使其放棄一黨專制；同時建立制度機制，全面支援能夠促進中國大陸政治民主化和社會自由化的公民活動、支持香港爭取民主普選的社會運動。在政黨合作方面，則應尋求與民進黨等其他政黨聯手，共同向中共施壓，以促進中國大陸走向民主化。其中一個步驟，包括以臺灣全民的力量，發表要求中國民主化的聯合聲明。

三、面對現實，以利益為訴求，實際上放棄以「三民主義統一中國」的夢想，並承認中華人民共和國的存在；繼而在意識形態與兩岸定位及相關政策思維上尋求與中共進行整合，徹底將自己蛻變為北京在臺灣的代言人。此一選擇的訴求將是：中國大陸的國力日益膨脹，臺灣無法這樣抗拒下去；與此同時，直接與世界經濟火車頭的大陸連接，既符合臺灣的利益，又可維持臺灣的生存。做此選擇，可參照香港建制派的發展，譬如左派最大政黨民主建港聯盟（民建聯），或是維護財經界及中產階級利益的自由黨，究竟他們如何在一九九七年後繼續存在、如何巧妙維繫與北京的關係。必須強調的是，即便做出選擇，這將是一個漫長的漸變式過程，非可一步到位。

百年老店的中國國民黨及其堅持的國家論述，在今天已走到十字路口。國民黨人及其支持者會如何選擇以延續命脈，關心東亞局勢的諸位無不拭目以待。

馬英九時代與兩岸關係

馬英九恢復兩岸協商機制、開啟兩岸和平新局，奠定了歷史地位，其促成兩岸歷史性「雙向交流」的基本態勢延續至今。然而，馬英九的執政能力為人詬病，也未能掌握社會對其兩岸政策態度的變化，導致國民黨的氣勢一舉跌入谷底。

小馬哥的國家認同與家庭背景

馬英九出身於傳統的國民黨外省家庭，自幼深受黨國思想文化的熏陶。原籍湖南，一九四九年生於香港，後隨家人赴臺灣定居。父親馬鶴凌長期在國民黨和政府部門工作，此一家庭背景深深影響了馬英九後來的政治思想與從政之路。馬英九也是個典型的孝子，每年小年夜都會牽著媽媽秦厚修的手去附近的興隆市場買年貨。二〇一四年四月十七日（也就是《馬關條約》簽署日），我在中央研究院籌辦了一場「釣魚臺問題新論國際學術研討會」，當時秦厚修女士病重，馬英九仍撥出探望及陪伴母親的時間，以總統身份應邀出席會議並發表專題演講，這一點讓人感動不已。

馬英九的從政生涯，在黨職部分，從國民黨的副祕書長做到黨主席；公職則擔任過行政院研考會主委、陸委會副主委、法務部長。一九九八年首次投入選戰，順利當上民選臺北市長，二〇〇八年則更上一層樓，在總統大選中順利獲勝，成功入主總統府，並於二〇一二年成功連任總統。

馬英九的國家認同清晰強烈，對中華民國有至死不渝的忠誠。二〇一五年是抗戰勝利七十周年，北京舉行了「九三閱兵」等大型紀念活動，備受國際社會關注。在馬英九總統指示下，臺灣也從七月七日至十月二十五日之間，舉辦了一系列紀念活動，規模之大，前所未有。相關活動多達十六項，形式上包括國際學術研討會、檔案資料展、製作紀錄片及出版新抗戰史叢書等，內容則分為國際、歷史、文化、全民國防和大會等五類，其中歷史類包括七項重要活動。由此可以清楚看出馬英九國家認同的座標位置。

臺灣外交部還製作了一份官方「抗戰勝利七十周年」的文宣摺頁，完整陳述了中華民國政府的立場。我有幸參與內文的討論，也提出一些建議，比如原文通篇本來只使用「全國軍民」一詞，經我建議後，適當加入了「中華民族」的表述。

馬英九時代與「中國崛起」效應

馬英九執政八年來，最大的時代背景是「中國崛起」的效應。進入二十一世紀後，大陸的經濟實力接連超越除美國之外的七大工業國，二〇一〇年甚至超越日本，成為世界第二大經濟體。與此同時，臺灣對外貿易約三成與大陸有關，而且在服貿協議未簽定之前就已達到此一水準。在此背景下，馬英九政府的戰略與政策方向是加強與中國大陸的聯繫，尤其是經貿關係，意圖藉此提升臺灣的經濟力量，並認為此將有助於維持兩岸和平。

另一方面，因中國崛起，「中國威脅論」在國際社會甚囂塵上，美、日提升對中國的戒心，並重新調整亞太戰略與安保政策。臺灣在國家安全上一向仰賴美國，這種延續自冷戰時期的基本思維到了馬英九時代並沒有改變。事實上，雖然馬英九時代的兩岸互動相對良好，但是雙方在「兩岸定位」一方面並沒有達成任何共識，馬英九原來構想的「兩岸和平協議」也沒有下文；當前大陸沿海部署的上千枚導彈仍然指向臺灣。換言之，兩岸關係在馬英九時代明顯趨於和緩，但是軍事上持續對峙的基本格局並沒有鬆動。

以「不統、不獨、不武」奠定兩岸和平基礎

馬英九自二〇〇八年上臺執政後，短短幾年，兩岸之間確實展現了自一九四九年分治以來前所未有的祥和氣氛，這與馬英九獨特的兩岸政策自是息息相關。馬英九的對外政策主要有四大特徵。

其一，馬英九兩岸政策的戰略主軸是「不統、不獨、不武」。「不統」能與臺灣社會主流民意銜接，「不獨」也對中國有所交代，「不武」則強調維持臺海和平，這三點都顧及到兩岸各方的基本需求。此外，馬英九推動兩岸政策的框架是「九二共識，一中各表」。大陸方面向來只提「九二共識」，並不承認「一中各表」，強調的是「一個中國原則」，僅就這點而言，兩岸並沒有達到全面的「共識」。所謂「九二共識」的說法本身也存在爭議，一九九二年的香港會談並沒有達成相關共識，是臺灣前國安會祕書長蘇起於二〇〇〇年「發明」的概念，後來「經過雙方往來文件」而「追認」的，因此在臺灣社會裡存在著不同的認知。不過話說回來，無論當時「有共識」還是「沒共識」，「九二共識」的確是馬英九時代穩定兩岸關係的重要基石。

馬英九在任內推進兩岸關係，分幾個步驟進行。首先，恢復兩岸「兩會」，即臺灣「海峽基金會」與大陸「海峽關係協會」之間的協商機制。海基會與海協會是兩岸官方授權的「民間

機構」，兩岸事務的官方機構則是臺灣行政院大陸委員會（陸委會）與大陸國務院臺灣事務辦公室（國臺辦）。之所以說「恢復」，是因為陳水扁執政時期（二〇〇〇～二〇〇八年）兩岸關係陷於停頓，兩會負責人之間也沒有互動。到了馬英九主政時期，不僅重啟兩會協商機制，也先後成功促成陸委會主委王郁琦、夏立言與國臺辦主任張志軍的互訪。

開啟兩岸歷史性雙向交流

其二，是成功開放「三通」（又稱「大三通」），繼而推動陸客、陸生來臺的政策。

「三通」是北京於一九七九年元旦由全國人大常委會在《告臺灣同胞書》中所提出，建議兩岸應該直接「通商、通郵、通航」，但當時蔣經國基於國家安全考量，以「三不政策」即「不接觸、不談判、不妥協」來回應。一九八七年，晚年的蔣經國一宣布解嚴，很快就開放臺灣人民到大陸探親及觀光，那時臺灣民眾主要經由仍然是英國殖民地的香港前往大陸。

其實，隨著兩岸人民往來日益頻密，「三通」中的「通郵」和「通商」早就自然通了，唯缺「通航」。「通航」直到陳水扁時代才有轉機。二〇〇一年，阿扁率先開放「小三通」，即限定金門、馬祖與廈門（爾後增加泉州、晉江）之間的通航。值得一提的是，「小三通」是由時任陸委會主委蔡英文主導實施的。不過，全面「三通」，也稱作「大三通」，則是馬英九上臺之後，於二〇〇九年才開始落實。「三通」的實施，意味著兩岸自一九四九年以來，終於實現了歷史性的「雙向交流」。自從一九八〇年代大陸推動「改革開放」以後，基本上只有臺灣人前往大陸，大陸人民很少到臺灣來。

「三通」的實施奠定了後來「陸客」、「陸生」來臺的基礎。陸生方面，早期只是短期的交換生來臺，現在則擴大至陸生可赴臺攻讀學位。我對此一政策予以大力支持，因為無論就任何角度而言，增加兩岸年輕世代之間的交流顯然相當有必要。眾所周知，兩岸的未來命運掌握在年輕人手裡，兩岸年輕人理性看待雙邊現狀，增強互相理解的能力極為重要，減少誤解，才能減少對於兩岸未來發展趨勢的誤判。

ECFA與拓展「國際空間」的成效

其三，是與中國大陸簽訂《海峽兩岸經濟合作架構協議》（ECFA），它與香港的《內地與香港關於建立更緊密經貿關係的安排》（CEPA）具體條文不盡相同，但都由北京主導，基本目的也大致相同。中國大陸輿論傾向認為，這兩份協議是在經貿與服務業方面對臺、港讓利的開放政策。不過臺、港方面也有不少人質疑「讓利」的成效。事實上，臺灣經濟並沒有因為ECFA而明顯好轉，甚至引發一旦和大陸綁得太緊，臺灣將愈來愈受大陸控制的疑慮，這正是「太陽花學運」爆發的深層背景。然而，話說回來，臺灣部分行業因此受益，包括「陸客」來臺的確帶動了觀光業的興旺。

兩岸之間，無論在馬英九時代或是之前與之後的年代，臺灣的「國際空間」備受北京擠壓，則是不分朝野都對中共不滿的主因之一。馬英九上臺後，二〇〇九年北京同意臺灣以觀察員身份及「中華臺北」名義參加世界衛生大會（ＷＨＡ），無疑是一項突破，也成為馬英九政府的得意政績之一。可惜後繼乏力，出席世界衛生大會的成功，並沒有因此擴展到加入世界衛生組織（ＷＨＯ），更沒有擴大到其他國際組織。換言之，臺灣社會一直要求的「國際空間」，即使在兩岸關係改善的馬英九時代也沒有獲得進一步拓展，關鍵當然在於北京的慣性思維。

去「去中國化」作為及其局限

其四，儘管馬英九有強烈的「中國意識」，任期前四年並沒有太大的動作，後四年才較為積極地推動反映其意識形態的相關政策，過程則引發了較大的爭議。

馬英九上任不久，即恢復「中華郵政」（陳水扁時代改為「臺灣郵政」），重新掛上「中正紀念堂」牌匾（扁時代把「大中至正」改為「自由廣場」），修改「九八課綱」，增加中國史的課程時間——後者就是二〇一五年鬧得沸沸揚揚的中學生「反課綱」運動之緣起。在扁時代的教學課程裡，臺灣史與中國史課程時間相若，課綱調整後，中國史的課程時間明顯增加，自然符合馬英九本人的「去『去中國化』」思維。

有關課綱的修正，爭議較大的部分在於史觀。臺灣有明確文字記載的歷史約四百年左右，中國歷史少說有三、四千年。臺灣是清康熙前期（一六八三年）才正式納入中國版圖，開始實施有效管治，之前分別經歷西班牙人、荷蘭人、鄭氏政權的統治。馬英九主政後，在來自民間的壓力下，把修改課綱定位為「微調」，不過反對派則批為「大調」，並抨擊馬英九委派王曉波、張亞中等「統派」學者，試圖將課綱委員會「染紅」。馬英九「撥亂反正」的爭議焦點之一，是針對臺灣在《馬關條約》割讓給日本後，該時期的稱呼究竟是「日據」？還是「日治」？「日治」是一九九〇年代以來臺灣社會的主流說法，支持者認為此為中性描述，並非「媚日」；「日據」則包含占領、竊據，含有非法、不正當之意。最後由馬英九總統拍板「日據」，並要求正式公文必須使用「日據」，不過學術文章如何使用，仍尊重個人習慣。

正因本土主流社會的壓力，馬英九自然也有未完成的「去『去中國化』」部分。譬如，國家統一委員會（一九九〇年設立，簡稱「國統會」）以及國家統一綱領（一九九一年通過，簡稱「國統綱領」），扁時代廢除後未再恢復；被阿扁改名為「自由廣場」的中正紀念堂廣場牌坊「大中至正」也沒有恢復原名；中華民國護照上加了「TAIWAN」字樣，也沒有去掉。

針對馬英九這些政策，我寫過一些文章，包括〈欲走還留的「臺灣論述」〉。誠然，無論是憲法認知的「一個中國」座標，還是連接「中國」的國家論述，皆已不符合當下臺灣社會主流民意的認同取向，這也是二〇一六年總統大選期間，國民黨不得不「換柱」的社會因素。事實上，洪秀柱宣揚的「終極統一」、「一中同表」等支持兩岸統一的國家論述，在今天的臺灣已失去足夠的社會認同。

馬英九執政八年的「三大挑戰」

馬英九執政八年，並非一帆風順，尤其是最後兩年馬政府與臺灣主流社會的關係急轉直下，即使是他曾經為人稱道的兩岸政策，也因為沒有清楚掌握社會與民意的變化，及時調整政策，最終導致國民黨無可避免地進入歷史性衰弱期。

馬英九主政八年期間，從政策調整和人民對他的信任變化來看，可以分成前後兩期來分析。前四年，馬英九的兩岸政策並未受到普遍質疑，當時較多的批評是針對他的執政能力。

二〇〇九年八月發生「八八水災」（又稱「莫拉克風災」），馬英九政府被批應變慢、缺乏迅速有效的危機處理能力。此後，馬英九的「不支持率」一直維持在五成以上，直到二〇一六年任滿為止（遠見、臺灣指標相關民調）。此情形也反映在二〇一二年馬英九競選總統連任時，得票率明顯下滑及民進黨候選人得票率上揚。二〇〇八年總統選舉，民進黨候選人謝長廷的得票率是四一．五五％；二〇一二年總統選舉，蔡英文得票率超過了四五％。不過，二〇〇八年時，馬英九維持兩岸和平、促進兩岸經貿的政策仍然受到大部分選民的支持，使他在支持率下跌的情勢下，依然順利連任。

二〇一二年連任後，馬英九的執政能力依舊未獲得社會的普遍肯定。在「太陽花學運」發生之前，支持率已下滑至不足兩成，到了「後太陽花時期」僅維持在一成左右。最低的時候，有民調錄得僅九％支持率，因此部分輿論揶揄他是「九趴總統」，比陳水扁還低。不過，馬英九政府最後一任行政院院長張善政的能力廣受朝野輿論好評，唯為時已晚。

「太陽花學運」成為人民對馬信任的分水嶺

表面上看，「太陽花學運」是對立法院審議《兩岸服貿協議》程序上的不滿，批評國民黨占絕對多數的立法院對於協議的審議過程太過草率，試圖「三十秒通過」協議。儘管學生的激進行為引起社會爭議，學運爆發一星期後的民調卻顯示，有六成以上的民眾支持學生的行為，可解讀為他們同情並理解學生們的動機。在事件過程中，馬英九總統一直擺出為自己政策辯護的姿態，並沒有及時掌握到人民對他兩岸政策的態度已經發生了根本的變化。

「太陽花學運」反映了臺灣民眾的集體焦慮：中國大陸會憑藉其強大的經濟力量，試圖改變臺灣的政治自主，以及已成為臺灣社會核心價值的自由、民主、人權。「太陽花學運」事件也告誡世人：在民主社會裡，如果沒有得到人民的支持，再好的政策都沒有用。「太陽花學運」既是馬英九支持率急轉直下的分水嶺，也是民主時代臺灣社會發展史的一大轉捩點。事件也導致國民黨在其後的兩次選舉一敗塗地，包括二〇一四年底的「九合一選舉」和二〇一六年初的總統與立委選舉。國民黨從此一蹶不振，馬英九在處理兩岸關係與「太陽花學運」上缺乏靈活的調整應對能力是主因之一。

其實，馬英九政府在對外政策方面的整體戰略是「親美、友日、和中」。不過，外界並不一致認為是真正的對外平衡戰略，不僅臺灣社會不斷有馬英九其實是「傾中」的批評，日本朝野也不約而同地擔憂馬倒向大陸。

失去年輕世代的支持

此外，馬英九執政八年，期間年輕支持者大量流失。二〇一五年十月底，一篇題為〈身為一個年輕人，國民黨得不到我支持的三個原因〉在網上瘋傳，作者列舉的理由有三：一、國民黨太老了，整體包裝與形象脫離了年輕人的觸覺；二、國民黨被認為仍活在過去的威權主義時代，與民主時代發展迅速的社會脫節；三、缺乏反省能力，又不信任年輕世代。譬如，將日益普遍的「天然獨」現象，輕率地解讀為受民進黨操控的結果。

馬英九時代的國民黨逐漸悖離年輕人的思維，也反映在大選中年輕世代的投票行為。二〇一六年大選前夕的一月四日，《自由時報》公布了選前最終民調，顯示在二十至二十九歲的年輕族群中，蔡英文獲得過半五四・六二％支持（全年齡層平均則是四七・九八％），而國民黨候選人的朱立倫僅獲四・六二％支持。

展望蔡英文時代及其後的趨勢走向，帶有濃厚「天然獨」色彩的年輕世代將繼續影響臺灣的政治生態，具體表現可能出現在對傳統兩大黨即民進黨、國民黨信任度的下跌，以及對「時代力量」、綠黨社會民主黨聯盟（綠社盟）等新興「第三勢力」支持度的上升。臺灣少年權益與福利促進聯盟以十五歲至十九歲的年輕族群為對象，於總統大選前的二〇一五年十二月十四日至二十四日所做的「未來首投族二〇一六年總統暨政黨選情盤勢解析報告」發現，「未來的首投族」對兩大黨的支持度皆低於五成，其中民進黨二八％、國民黨一六％，其他老牌政黨包括臺聯、新黨、親民黨也都無法獲得青少年的認同。反而是新興的第三勢力政黨被視為更能延續近年來幾場由年輕人領導的社會運動的能量，新政黨時代力量的支持度攀升至一六％，與國民黨不相上下，綠社盟也獲得八％支持。

換言之，馬英九堅持連接「中國」座標的國家論述，在後「太陽花」時代，大部分「天然獨」世代對此已經「無感」，此一現象也成為國民黨難以東山再出的主因之一。

馬英九·釣魚臺·太陽花

釣魚臺研討會是「太陽花」落幕後馬英九的首場公開活動，儘管場內場外意外頻生，彼此間卻以「互相尊重、和平共存」模式相處，正與解決釣魚臺問題的和平思路不謀而合。

在中日關係因為釣魚臺等問題，連續兩年陷入關係正常化以來最嚴峻時期之際，二〇一四年迎來了甲午戰爭爆發一二〇周年的敏感年份，在中國大陸的網路媒體上，「中日必有一戰」的議論甚囂塵上。而在臺北，一場名為「多元視野下釣魚臺問題新論」國際學術研討會，則選擇在《馬關條約》簽署的紀念日，於中央研究院近代史研究所隆重登場。

「釣魚臺博士」馬英九在危機中蒞臨會場

這場由我一手籌劃的研討會雲集了來自兩岸三地、美國、日本、琉球在釣魚臺研究領域最具代表性與新銳視角的學術界菁英，並首次連開兩天，是為海內外歷年最具規模的釣魚臺學術研討會。

研討會邀請馬英九總統出席並作專題演講，是本研討會另一亮點。之所以邀請馬英九出席，重點並非基於小馬哥的總統身份，而是馬英九本人迄今仍是海內外屈指一數、如假包換的釣魚臺研究專家。「一九七一年，我還是臺大法律系三年級的學生就投入了保釣運動。十年後，一九八一年，在我哈佛大學法學院的博士論文當中，就有一部分觸及到釣魚臺的劃界爭議」，「從一個熱血的保釣青年，到中年國際法學者，再到中華民國總統」，儘管馬英九在學術界與黨政界的不同人生階段肩負著一個接一個的黨國重任，卻未曾將關心的視線移離圍繞在釣魚臺列嶼的相關問題。

馬英九於一九八一年獲得哈佛大學法學博士的論文題目為〈海底油田的紛爭：東海的海底界線以及外國投資的法律問題〉（*Trouble Over Oily Waters: Legal Problems of Seabed Boundaries and Foreign Investments in the East China Sea*），根據該論文修改而成的《從新海洋法論釣魚臺列嶼與東海劃界問題》於一九八六年正式出版，奠定了其做為國際法學家及釣魚臺問題研究專家的學術地位。

脫稿演說，釣島歷史如數家珍

在幾乎毋須看稿的全場演說中，馬英九展示了對釣魚臺主權爭議問題之來龍去脈瞭如指掌的專家本色。對釣魚臺在歷史上如何成為中國領土，為何不是日本所說的「無主島」證據如數家珍、娓娓道來，甚至古籍記載哪一年發生什麼事均倒背如流，讓與會者欽佩不已。譬如：「嘉靖四十一年，西元一五六三年，當時明朝的兵部尚書胡宗憲也是對抗倭寇的最高統帥，在他寫的《籌海圖編》這部書裡面，有一個沿海三沙圖，在那時就把釣魚臺列入中國抗倭寇的海防系統。」又如：「康熙六十一年，西元一七二〇年，清朝御史黃叔璥寫的《臺海使槎錄》卷二〈武備〉，就有一句著名的話『山後大洋，北有山名釣魚臺，可泊大船十餘』。」

毋庸置疑，馬英九是歷代兩岸領導人裡對釣魚臺問題最有熱忱、最熟悉的一位。不過，他蒞臨這場首次由中央研究院主辦的釣魚臺研討會期間，正值臺灣政治危機四起，並直接衝擊其政治生命之際。

釣魚臺研討會前暗礁四起

眾所周知，研討會一個月前的二〇一四年三月十八日，臺灣學生闖入立法院，掀起了以「反服貿」為訴求的轟轟烈烈「太陽花學運」。其實，研討會早在二〇一三年底已開始籌備，邀請函也在二〇一四年一月下旬送至總統府，此時「太陽花學運」還沒揭開序幕。

三月二十日下午三時許，我接到來自總統府的電話，稱馬總統已正式允諾出席，此時離學生於十八日晚上占領立法院事件發生後才一天。馬英九身為總統在此時做出如此決定，除了反映他本人對釣魚臺議題與本次研討會的高度重視之外，恐怕也與當時各方研判學潮不會延燒超過三星期有關。事實上，二十多年前推動臺灣政治走向民主化的「野百合學運」也只持續了七天。

本次釣魚臺研討會接受網路報名，占全體出席者的三分之二。根據慣例，報名時毋須填寫身份證號碼，因此也讓維安部門無法掉以輕心。離研討會兩天前的四月十五日下午，支持「太陽花學運」的「黑色島國青年陣線」於臉書轉貼中研院「自由學社」訊息，號召民眾一同穿著「適當」（黑色）服飾，配戴「鮮豔」花朵（太陽花），帶著「聲援」（抗議）標語，於四月十七日當天上午九點半一起赴中研院「聆聽馬總統上課」。此消息在網路上迅速擴大，各大報章網站也隨即報導，翌日的《中國時報》還在頭版頭條披露了此事，頓時使主辦單位與維安部門大為緊張。為了尊重前來抗議團體的權利及考慮到不影響研討會的進行，主辦單位決定開放離會場檔案館較遠的胡適紀念館前方草坪空地，安排抗議人群在那裡表達意見。不過就在研討會前一天，「自由學社」負責人瞿海源教授等人直接與院長磋商，並於傍晚前往會場外的停車場視察並告知主辦單位，院長已同意讓他們在會場前面的停車場舉行抗議活動。為此，研討會被迫臨時改變報到地點以避免衝突。如此，雙方算是達成了「互相尊重」的共識。

會場內外的「互相尊重」

四月十七日上午十點整，馬英九總統準時抵達，簽名報到並領取會議論文集後隨即進入會場，並發表三十分鐘的演講，一切如計畫進行。然而，大約過了十五分鐘後，後排靠牆一位學者突然站起來，展示已經準備好的標語「臺灣未來，人民做主」，全場氣氛頓時緊張起來，坐在馬英九身邊主席臺上的我也為之一震。不過，馬總統面不改容，繼續演講。抗議者也未觸及維安底線：不吵鬧、不丟鞋，因此全程演講並未受到實際干擾。演講完，走出會場的馬英九總統臉帶微笑，大方向場外抗議人群揮手致意離去。

馬英九在明知有抗議活動的情況下，堅持出席研討會，並輕鬆應對抗議行為，展示了身為民選總統的度量與心胸。整體而言，主辦單位與抗議團體透過協商，一方面使研討會在可控範圍內順利進行，另一方面，抗議者也獲得了合理表達意見的空間。雙方相安無事、和平共存，凸顯了擁有二十多年民主實踐的臺灣社會自然呈現出來的自由與包容。

「互相尊重、和平共存」也是馬英九堅持的釣魚臺政策基本理念，並反映在他任內相繼出爐的政策上。

中日臺迴異的釣魚臺政策

馬英九於二〇〇八年入主總統府，正是釣魚臺風起雲湧、危機四起之際。二〇〇八年六月，釣魚臺海域發生臺灣漁船「聯合號」被日本撞沉事件。二〇一〇年，發生大陸漁船與日本海上保安廳船艦之間的撞船事件。二〇一二年，因日本東京都知事石原慎太郎的「購島」計畫與野田佳彥政府實施「國有化」措施，導致中國大陸爆發自抗戰結束以來最大規模的反日運動，臺灣與日本也在釣魚臺海域發生摩擦、互打水仗。如何化解衝突，維持東海和平，對馬英九政府而言，無疑是一項巨大的挑戰：「我這四十多年來，捍衛國家主權的決心和信念從來沒有動搖過。中華民國是一個愛好和平的國家，在面對風雲再起的區域局勢，我們有義務理性務實地尋求解決方案，以促進區域和平。」

令人遺憾的是，釣魚臺主權爭議的另外兩方，即中國大陸與日本，這兩年來卻是磨刀霍霍，甚至一度瀕臨戰爭邊緣。中日雙方至今仍將東海危機的責任全數推給對方，各自使出不同招數互相叫陣。在東京，永田町的首相官邸依然擺出漠視過去中日兩國行之有效的默契，一方面強調「兩個不存在」，即「尖閣諸島不存在主權爭議」與「中日不存在擱置爭議的共識」，另一方面則綁住美國，促成歐巴馬親口表示《美日安保條約》涵蓋釣魚臺，同時加緊擴軍，並著手計畫在離臺灣最近的那國島、石垣島、宮古島等進行駐軍部署，強化「南西諸島的防衛」；北京則一方面強勢派出海警船不斷進出釣魚臺海域，進行「常態化巡邏」，另一方面在二〇一三年十一月底，在未與相關國家和地區磋商的情況下，高調宣布劃設「東海防空識別區」，提供了美日等國家批評中國企圖以實力改變現狀的口實，造成區域局勢的緊張。

解開釣魚臺問題的鑰匙

馬英九感慨今日釣魚臺問題成為東海和平的火藥庫。他一邊強調捍衛領土的決心沒有改變，同時也希望以他任內提出的三項重要「釣魚臺政策」，即「東海和平倡議」、「東海空域安全聲明」及「東海行為規範」，有效促進東亞區域的和平。

馬英九的演講過程凸顯了研討會與抗議者之間達成的「互相尊重、和平共存」共識，也是研討會的宗旨。釣魚臺之所以被發現及為人所知，並留下豐富的歷史紀錄，源自明洪武五年

（一三七二年）中國前往琉球航路的建立。做為該航路必經的重要航標，其後五百年間成為中琉友好關係的標誌。然而，隨著步入近代與現代，釣魚臺列嶼卻變成各方爭奪資源與主權的焦點，如今更成為危害東亞區域和平的威脅，不能不讓人感慨。

釣魚臺危機如何消除？東亞如何重建和平？或許本文呈現的馬英九、釣魚臺、太陽花所構成的特殊圖畫中的關鍵詞——「互相尊重、和平共存」，依舊是解開問題的有效鑰匙。

【後記】

本文所述之「多元視野下釣魚臺問題新論」國際學術研討會之論文集預定於二〇一七年集結出版。此外，於研討會後，我有幸獲外交部委託協助撰擬中華民國政府的釣魚臺相關論述，成果已上掛至中華民國外交部網頁，包括〈釣魚臺列嶼爭議的形成過程〉（中日文版）、〈關於釣魚臺列嶼的十大事實〉、〈釣魚臺地圖的錯誤，責任在誰？〉、〈古地圖如何彰顯現代領土主權？〉等。

臺灣史觀大論戰

不同的國家地區有不同的戰爭經歷與集體記憶。二次大戰已走過七十多個年頭，東亞的史觀之爭尚未結束。臺灣內部的論爭更凸顯出所有人都身處「選擇性記憶」與「選擇性忘卻」泥沼，繼續建構著永無交集的史觀……

二〇一五年是「中日戰爭」或兩岸所稱「抗戰勝利」七十周年，也是近年頗為罕見的各種史觀激烈交鋒的一年。兩大備受國際社會高度注視的新聞，先是日本安倍晉三首相於戰敗紀念日八月十五日發表的「終戰七十周年談話」，後為九月三日的「北京大閱兵」。前者的焦點是已走過戰後七十年的日本究竟如何面對過去那一場戰爭？後者除了圍繞在如何解讀習近平大肆舉辦閱兵的政治意涵外，也引發兩岸政府就當年抗戰是誰主導、誰貢獻最大的爭議。

除此之外，還有一場火藥味濃厚的臺灣社會內部的史觀之爭。

臺灣前總統李登輝投書日本雜誌《VOICE》二〇一五年九月號的內容，隨著雜誌出刊，迅即引爆並震撼臺灣政壇的火藥庫。國民黨從馬英九總統、朱立倫主席，到總統候選人洪秀柱砲火全開，馬總統更罕見地使用了辱罵式的重話「作賤自己」，批判李登輝的「媚日」言論。

被簡化的李登輝爭議原文

追溯國民黨高層激烈反應的源頭，不難發現都是根據同年八月二十日《聯合晚報》及中央通訊社的新聞稿或相關轉載。該爭議的兩大焦點：其一，根據該新聞稿，李登輝的言論「沒有臺灣抗日的事實」；其二，則是「他當時是為祖國而戰的『日本人』」一說。

然而，其他記者「引用」中央社或《聯合晚報》的報導採訪國民黨「大咖」時，卻將提問簡化為「李前總統說他是日本人、日本是他的祖國，您有何看法？」既把指涉「當時」的時間敘述模糊化，又將「日本人」去掉括號。如此簡化、誇大、扭曲的轉換引用，瞬間點燃了向來對李登輝言論不滿的情緒。幾天下來，幾無克制的謾罵猶如洩洪般滾滾奔騰，此為其爭議的基本背景。

其後，我查看李登輝的投書原文，赫然發現，即便是中央社所呈現的新聞稿本身也存在部分嚴重的簡化和誇大，不經查證而隨意引用「二手報導」的危害，可見一斑。

認同扭曲的毒草，抑或睿智的佳作？

李登輝原投書標題為「揭開日臺新合作的帷幕」，全文篇幅約六千多字，其間涉及上述爭議的二戰相關戰爭記憶描述僅占一四％。若細看其投書內容將發現，文內更多的是透過對臺灣政治經濟現狀的分析，闡述「脫古革新」的未來發展方向，李登輝提及的議題涵蓋臺灣大選、兩岸關係、修憲問題、年輕世代、IOT（物聯網，Internet of Things）等，全篇旁徵博引，論證古今中外。

倘撇開歷史觀和意識形態，平心而論，這是一篇可讀性頗高的文章，李登輝沉澱了豐富經驗並將政經外交問題的洞察力交互融合，睿智貫穿其中。尤其他當時為高齡九十二歲的作者，他對最新科技與人類社會發展前景的掌握，相信大部分讀完全文的讀者，多少會有油然而生的敬意。

斷章取義下的史觀大論戰

回到爭議部分，李的投書文章以憶古論今的形式鋪陳，一開頭就娓娓道來他本人的戰爭記憶。點出該年是二戰結束七十周年後，隨即將讀者帶回七十年前的二戰經歷，其後才出現了此次引發爭議的描述：「直至七十年前，日本和臺灣『同為一國』。正因為是『同為一國』，並沒有臺灣與日本戰鬥的事實。我是志願加入陸軍，而我的兄長李登欽則是志願加入海軍。當時我們兄弟無疑是做為『日本人』，為祖國而戰的。」

然而，中央社的新聞稿卻斷章取義，將之簡化為「沒有臺灣抗日的事實」，並把原文所論述的「二戰」此一時間範圍模糊掉，以致引來國民黨史觀或中國史觀的一片撻伐，馬英九總統也親上火線，直批「怎麼對得起抗日犧牲的先賢先烈，及兩千萬犧牲的軍民同胞？」隨後，李登輝辦公室澄清「臺灣有抗日活動，但沒有對日抗戰」，卻為時已晚。在臺灣，一般使用的「抗戰」，指的是二戰結束前，中華民國針對日本侵略長達八年的「抗日戰爭」。

由於上述媒體的斷章取義和簡化誇大，刺激了基於不同意識形態與認同取向的臺灣社會，各就「臺灣無抗日」、「日本祖國論」兩大焦點激烈交火，且毫無意外地引發了兩大陣營的一場大論戰。

批李派系以部分國民黨大咖為主，若根據「全國軍民八年抗戰」的民族記憶與歷史傳承，論者怒斥李「媚日」、「認同錯亂」自可視為自然反應，且批李派強調的清廷割臺後，臺灣爆發抵抗日本統治的「乙未戰爭」確實有歷史依據；另一邊廂，擁李派包括臺北市長柯文哲的母親，則以其與李同年代的個人經歷，直言「李登輝講得很對」，此外，還有基於法理依據，指出日本統治下客觀存在臺日「同屬一國」及「臺灣人也是日本人」的擁李說法。雙方各擁其主，引發一場無法交集的史觀之爭。

國民黨／中國史觀的「選擇性記憶」

基於當年大陸經驗的中國史觀論者，自然無法容忍將導致國土淪喪、人民顛沛流離、三百多萬官兵傷亡、兩千萬以上無辜百姓喪命，且在戰場與之廝殺的侵略者視為「同一國人」，並把軍國主義日本視為「祖國」。然而，此一史觀的支持者忘卻了早被中國拋棄的臺灣已在日本統治下漫漫走過了數十年的「日本時代」，且經歷了強化「日本臣民」意識的「皇民化教育」。其實當時在「軍國主義美學」的驅動下，除了臺灣，也有許多琉球、韓國的年輕人自願投入日本迎戰「鬼畜美英」的太平洋戰爭，部分還魂斷戰場，構成了殖民地史的悲情一幕。

當年多達二十萬的「臺籍日本兵」，包括四千兩百名被送到南洋、中國大陸、日本的原住民「高砂義勇隊」。其中陣亡將士三萬多人，包含三千多名「高砂義勇隊」隊員。事實上，臺灣人當年在太平洋戰爭中的悲情故事不止於此，還有中國的盟友包括蘇聯、美國對臺北的空襲，尤其是美國在一九四五年五月三十一日展開的「臺北大空襲」，一舉奪走了三千多條性命。換言之，臺灣人在太平洋戰爭中的遭遇，其中的無奈、辛酸、悲劇，在強調八年抗戰的中國史觀論者眼裡，被選擇性地忘卻了。此外，中國史觀論者似乎也將眾多老一輩臺灣人為何在戰後歡喜回歸祖國，卻在「二二八」之後走向懷念日本的歷史責任拋諸腦後。

臺灣本土史觀的「選擇性失憶」

另一方面，臺灣本土史觀論者，尤其是像李登輝一樣「親日」的老一輩臺灣人，也有不少人在建構自身史觀的過程裡，同樣不自覺地陷入「選擇性記憶」與「選擇性失憶」的泥沼。

經歷了戰後陳儀部隊接收臺灣與「二二八」的衝擊，許多老一輩的臺灣民眾選擇性記取了「日本時代」後期井井有條的社會秩序，同時選擇性地遺忘了在殖民統治架構下，日本對臺灣人體制化的社會歧視與經濟壓榨，以及割臺後最初二十年交相跌宕、血淚斑斑的武裝抗日運動。

簡言之，這場論爭呼之欲出的本質與特徵，肇始於雙方基於相異的「選擇性記憶」與「選擇性忘卻」，來陳述強渡和繼續建構彼此互不交集的史觀，因此呈現出各說各話乃至惡言相向的認同衝突圖像。

爭議揭示臺灣後民主時代的課題

戰後的臺灣不僅經歷了「二二八」、「白色恐怖」，更經歷了「省籍矛盾」、族群和解，也經歷了社會自由化與政治民主化的衝擊與洗禮，而「反課綱」運動的爆發與李登輝前總統的言論所引發的爭議，更讓臺灣社會赫然發現，原本以為已經「消失」的「省籍」問題，在看不見的隔閡與歧視中，悄然借屍還魂。此番爭議更揭示了已走過二十多年民主歷程的臺灣社會，仍未克服、仍然無法跨越的歷史癥結——基於不同省籍背景的戰爭經歷、集體記憶、歷史傳承而形成旗幟鮮明的對立史觀。

二戰結束已超過七十年。對於七十年前的那一場戰爭，不同的地區有不同的戰爭經歷與集體記憶。奠基於當年「八年抗戰」的中國史觀稱之為「抗戰勝利七十年」；著眼於五十年「日本時代」和太平洋戰爭經歷的臺灣本土論者，則視之為「終戰／『光復』七十年」；而在另一地域，對於經歷了「三年零八個月」日本占領期間的香港，或許更熟悉的說法是「戰後重光七十年」。

如何走出「選擇性記憶／失憶」泥沼？

「一個人的記憶就是他的尊嚴」，龍應台於同年七月在香港書展的演講，提出了迎接跨越不同歷史記憶的「大傾聽」時代。這不僅適用於處在爭議漩渦下的臺灣社會，不僅適用於正在上演「抗戰史」詮釋權爭奪戰的中國大陸與臺灣，不僅適用於擁有不同戰爭經歷，以及戰後選擇與日本展開不同和解之路的兩岸三地，也適用於所有不同集體記憶的族群、不同歷史經驗的你、我、他……

從此一視角而言，這場因李登輝言論所引發的爭論，對人們理解「選擇性記憶」與「選擇性忘卻」如何形成迥異的史觀，對啟發人們如何以包容的胸懷，面對不同族群的戰爭經歷與集體記憶，何嘗不具正面意義？

第二部

香港：「後雨傘時代」的「去邊陲化」現象

香港共同體

香港社會的本土意識絕非純粹文化層面的族群意識，而是包含了某種程度的政治意涵。香港社會自我認同為中國人在二〇〇八年北京奧運時達到歷史新高，卻在經歷二〇一四年普選死局和雨傘運動之後，迎向了年輕世代呼喚本土主義的新時代。

為何北京扼殺香港普選，反而催生香港年輕世代本土主義的興起？

二〇一五年十二月十三日，美國康乃爾大學榮譽退休教授班納迪克．安德森（Benedict Anderson）突然離世，再度引發全球學術界對他的名著《想像的共同體：民族主義的起源與散布》如何對人類世界產生深遠影響的討論。這本一九八三年出版的書，將現代民族主義的出現，解釋成人們透過想像的力量，將印刷資本主義[1]在區域內廣泛傳播而帶來的社會共通性，與政治共同體的概念連接，因而引發的效應。

時光倒回一九五六年，劍橋古老的街道上，一群上流階級的英國學生攻擊一個正在演說批評英法等國入侵蘇黎士運河的印度人，安德森前往勸架，反而遭毆打。後來，這群勝利者英國學生列隊高唱英國國歌〈天祐女王〉……這起事件成為安德森的思想啟蒙及後來批判帝國主義、同情殖民地，並促使他追尋民族主義起源的重要契機。

《想像的共同體》提供了現代人理解民族主義與國家認同的新視角，顛覆了過往世人對民族主義本質的認知。這本書也成了我學生時代必讀的教科書。二〇〇〇年，我以一篇〈何謂「香港人」？從戰後「香港共同體」之成立看新生身份認同之特徵〉論文[2]，探討香港本土意識的起源，並首次提出「香港共同體」的新概念。

二〇一五年之前，香港人的身份認同基本上只停留在與大陸人區隔的範疇，並未達到民族主義的階段。事實上，當時也還沒出現港獨的社會訴求。香港社會由來已久的本土意識，絕非純粹文化層面的族群意識，而是包含了某種程度的政治意涵。占相當比例的香港人對新統治者中共的不信任，以及中國改革開放後，尤其是一九九七年後，香港與大陸兩地民眾因交流劇增所產生的摩擦，使香港本土認同及內在的政治元素得以長期存在並伺機發展，也自然成為回歸後中港兩地國民整合的主要障礙。我將當時的香港人身份認同，定位為「準民族主義」。

之後八年，香港的本土主義思潮並未獲得進一步發展的空間。香港社會自我認同為中國人，反而在二〇〇八年達到歷史新高。弔詭的是，經歷了二〇一四年的普選死局及「雨傘運動」的歷史性挫折之後，香港迎來了年輕世代呼喚本土主義的新時代，我的「香港共同體」概念也重新獲得新的論述空間。

方興未艾的香港新本土主義現象，包含兩大值得探討的問題：一、如何解釋這波新現象的出現，有何特徵？二、該現象的歷史脈絡為何？

關於香港新本土主義現象的出現，我曾提出疑似臺灣「天然獨」的概念來分析。本文則嘗試回到歷史現場，重新分析「香港共同體」的建構過程。

從英國殖民地說起

要構築一個新的共同體，必須靠硬體與軟體的相互配合才有可能。硬體強調確立地理範圍、提供形成統一市場的基礎建設、設立管理居民的政府架構、規劃居民住所等；軟體除了政經、法律、教育與福利制度，更著重於文化要素，以賦予連繫共同體內各成員之間的精神。

一八四二年，中英簽署《南京條約》，鴉片戰爭正式結束，香港迎來開埠的新紀元。此後一百五十多年，香港脫離中國，成為英國殖民地，並在英國獨特的自由放任治港理念，以及透過與本土菁英合作的柔性統治模式下，在政治、經濟、社會與文化上有別於中國大陸，這是

「香港共同體」的雛形。

不過，在一九四九年之前，「香港共同體」只不過是一個排他性低、缺乏本土文化特色、社會凝聚力薄弱的虛殼。一九四九年中華人民共和國的建立，才使「香港共同體」從虛走向實。

今日香港特區的地理範圍，幾乎完全承襲了英國時期在香港的統治範圍。包括一八四二年根據《南京條約》割讓的香港島，以及一八六〇年根據《北京條約》割讓界限街以南的九龍半島，和一八九八年根據《展拓香港界址專條》，英國進一步租借深圳河以南的新界地區。一九四九年以前，英國殖民政府除了進行基礎建設，實施有效的管理，並未強行實施對英國效忠的認同政策，加上虛化的出入境管理與人口高度流動化，使香港難以形成對外具排他性、對內具凝聚力的本土共同體意識。當時香港與中國的邊境口岸大致上是開放的，居民基本上可以自由進出，並沒有實施嚴密的出入境管理。直到一九五〇年，為了防止大量的難民從中國湧入，港英政府才開始制定並實施嚴密的出入境管理制度。

一九五〇年隨著新中國介入韓戰，聯合國對中國實施戰略性物資禁運，美國也禁止輸入中國產品。以中轉中國產品為經濟支柱的香港必須尋求新的經濟出路。恰巧因新中國的成立，資金由上海等地隨著一批資本家的南來而湧入香港，主導了一九五〇年代之後香港的工業化。出入境管理的嚴密化切斷了香港與中國高頻率的交流，同時提供了香港建立本土統一經濟市場的條件。而隨著人口的穩定化，尤其是到了一九六六年，香港本地出生的人口超越移民人口，香港社會的本土化條件始告成熟。

「香港是我家」觀念的普遍化

然而，本土統一經濟市場的建立，以及本土社會條件的逐漸成形，還不足以確立一個具有文化靈魂、能凝聚香港住民歸屬意識的共同體。「香港共同體」的形塑，還需要軟體的支撐，即香港文化的創造。

香港的傳統文化是以廣東文化為主體。一九五〇年代以前，以粵劇為代表的民間文化活動與廣州及周邊地區交流頻繁，形成某種程度的「省港文化網絡」。然而，新中國建立後，兩地的文化交流中斷，中國大陸開始興起了社會主義新文化，排斥傳統藝文活動，一九六六年開始的文革十年更走向極端。

就在此時，香港無線電視臺開播，掀開了創建香港文化黃金時代的序幕。尤其以李小龍為主的香港功夫電影熱潮，及以許冠傑為鼻祖的粵語流行歌曲創作熱潮，最具象徵性。香港在一九四九年後，尤其在一九六〇年代至一九七〇年代，形成了與中國大陸截然不同的生活文化形態。

一九六七年，香港左派受到文化大革命影響，發生對抗香港政府的「六七暴動」。「六七」之後，港英政府積極推動一系列新政策，包括擴大市民參與政府行政工作的空間，以穩定香港社會。這些政策促使一九七〇年代的香港居民開始普遍產生「香港是我家」的意識。香港人的新身份認同開始在香港社會萌芽。

註

1 印刷資本主義（print capitalism）是指現代印刷術在資本主義運作下，透過書籍和媒體的廣泛傳播，世界各地使用不同方言的讀者，得以透過閱讀獲得共同體驗（例如對於民族主義的想像），進而互相理解。

2 本文刊登在日本學術期刊《現代中國》。

「香港共同體」成立歷史年表

一八四二	《南京條約》締結，清政府割讓香港島予英國。
一八六〇	《北京條約》締結，清政府割讓九龍半島予英國。
一八九九	清政府和英國簽訂《展拓香港界址專條》，英國得以租借新界地區，為期九十九年。

一九一一	清朝滅亡，中華民國成立。
一九四一	日本占領香港。
一九四五	日本戰敗，英國恢復統治香港。
一九四九	中華人民共和國成立，大批難民和上海資本家湧入香港。
一九五〇	中港之間開始實施較嚴密的出入境管理。 聯合國實施對中國戰略性物資禁運措施。 英文中學超過半數。
一九五七	邵氏兄弟（Shaw Brother）電影公司成立，「東方荷里活（Hollywood）」啟航。
一九五八	香港在財政上從英國獨立。
一九五九	本地出口首次超過中轉出口。
一九六六	香港出生的人口達到五三·八%。 中國大陸爆發「文化大革命」。 「九龍暴動」。 「六七暴動」。 香港無線電視臺開播。

一九六八	民政署成立。 爭取中文法定地位運動開始。
一九六九	第一屆「香港節」。
一九七一	《唐山兄弟》掀起李小龍功夫電影熱潮。 中文獲得法定地位。 以「廣東話」為「日常使用言語」者達到八八．一%，強迫性的免費初等教育制度開始實施。
一九七二	「清潔香港」運動。 「撲滅罪行」運動。 許冠傑的唱片《鐵塔凌雲》發行，粵語流行歌曲起步。 電影《鬼馬雙星》帶領香港電影普遍開始使用廣東話。
一九七四	廉政專員公署成立。
一九七八	中國開始推行「改革開放」政策。
一九八〇	電視劇《網中人》播出，「亞燦」的「大陸人」形象被定型。 港府放棄「抵壘政策」，非法入境者強制遞解出境。

一九八一	香港政府宣布成立區議會，擴大市民參與政治的空間。
一九八二	中英開始就香港前途舉行談判，「港人治港」被提起。
一九八四	中英發表共同聲明，決定香港於一九九七年回歸中國。
一九八五	立法局的部分議席開始由間接選舉產生。
一九八九	中國爆發「八九民主運動」，發生「六四」流血事件，期間香港出現百萬人大遊行。
一九九二	立法局的部分議席開始由直接選舉產生。
一九九七	香港回歸中國，中華人民共和國香港特別行政區成立。
一九九九	全國人大常委就香港居留權問題解釋基本法。
二〇〇三	反「二十三條」「七一大遊行」。「港澳個人遊」（自由行）開始實施。
二〇〇六	保留天星碼頭運動。
二〇〇七	保留皇后碼頭運動。

二〇〇八	汶川大地震、北京奧運。 中國「毒奶粉」事件。 劉曉波因起草《〇八憲章》被捕。
二〇〇九	反高鐵運動開始。
二〇一〇	「雙非」嬰兒三萬二千六百五十三名，比二〇〇一年上升逾五十倍。
二〇一二	孔慶東辱罵港人事件。 香港報紙出現「蝗蟲」廣告。 「反國教運動」爆發。
二〇一四	人大常委會發表「八三一普選框架」，「雨傘運動」爆發。
二〇一五	少數港人發起「反內地水客」行動。 香港特區政府的普選方案在立法會被否決。 銅鑼灣書店事件。
二〇一六	旺角警民衝突。 香港民族黨、香港眾志、香港列陣等「傘後政黨」相繼成立。

出處：根據各項資料，由林泉忠整理。

原來我是「香港人」

香港的掌權者若繼續排除要求民主普選的香港主流民意，繼續在特區政府的權力運作中讓港人「缺席」，「香港人」的身份認同恐怕只會愈來愈強，年輕世代的本土抗爭力量恐怕會愈來愈激烈，香港也將走不出困境。

住民缺席的九七回歸

近年興起的香港新本土主義，批評傳統的民主派（泛民）站在中國民族主義的立場，天真地誤信香港在九七後將迎來民主的新時代。一方面指出中共統治下的香港，不可能落實真正的民主；另一方面則強化著欲擺脫中共掌控香港的「三自一獨」（自主、自救、自決、獨立建國）訴求之正當性。這種觀點認為：今日香港的困境，源自於九七回歸決策過程中香港人被排除在外，因此提出「二〇四七香港自決」此一新訴求。

其實，早在二〇〇〇年我就已指出，一九八〇年代初中英在針對香港前途的談判過程中，將當事人香港市民拒之門外，造成住民缺席的歷史事實，將先天性地成為九七回歸後國民整合（national integration）的障礙，及香港本土抗爭用之不盡的資源。

九七回歸本質上是一項主權的變更，注重的是國家與領土的概念。相比之下，「歸屬變更」的視角涵蓋的範圍相對較廣，它不僅限於領土的轉移，還包括了居住在這塊領土上的居民在法律歸屬上的變更，譬如國籍與公民權等。以及隨之而來的國家認同與文化認同的問題、變更後這些新國民在面對政治、經濟、社會、文化變遷而產生的適應問題，即國民整合上的問題。

我從過去比較香港、臺灣、沖繩（琉球）的個案，發現這三個地區在二十一世紀的今天仍然繼續存在的身份認同問題，都與它們過往所經歷的包括「回歸」（臺灣稱「光復」〔一九四五年〕；沖繩稱「復歸」〔一九七二年〕）在內的「歸屬變更」有著密切的關係。尤其是二次世界大戰後，民主主義在世界較廣範圍被傳播，而這些地區的住民卻遭遇回歸變局時的「被缺席」經驗。「住民缺席」直接導致了這些新國民對「祖國」的心理距離，也成為日後「祖國」在政治、經濟、社會、文化等各領域推行新政策的阻力，成為在這些地區建構新國家認同的障礙。

誰是「香港人」？

如果說九七回歸決策過程中的住民缺席，為日後香港本土社會尋求命運自主的抗爭埋下伏筆。那麼一九八〇年代香港社會面對的九七恐慌，則直接導致已萌芽的香港本土意識浮上檯面，讓香港人身份認同快速進入主流化階段。

香港的本土認同在一九七〇年代開始萌芽，然而「我是香港人」的意識仍未普及。當時居民的身份意識大多停留在籍貫或出身地的層面，也就是廣東人（或廣府人）、潮州人、客家人、福建人、上海人等。若遇到同為廣東籍的情況，便會進一步細說是臺山人、佛山人、順德人、廣州人、番禺人或開平人等。

記得一九九七年時，香港回歸受到全世界的注目，正在東京求學的我當時在NHK電視臺兼職當翻譯，並有機會參與製作一系列相關的專題節目。其中一集採訪了出身香港、在日本活躍的歌星陳美齡，她對自我身份認同的一席話，讓我至今記憶猶新：「我剛剛來日本的時候（一九七〇年代中），並不清楚自己應該稱作哪裡人，當日本人說我是香港人的時候，我才意識到原來我是香港人……」

拜九七問題所賜，香港人意識在一九八〇年代迅速擴大。其一是因為九七問題在當時具有清晰的外來特徵。突如其來的香港前途問題，造成香港社會極度的恐慌與不安。在此刺激下，香港社會內部的凝聚力得以快速增強，以應付外來的挑戰。在動盪不安的環境下，香港人這個新的認同意識，得以迅速凝聚並顯現出來。

其二，「港人治港」的構思提出後，意外刺激了香港人身份認同的浮現。中國領導人鄧小平當年在論及回歸後香港的治理方針時，提出了「港人治港」和「一國兩制」的構思。「港人治港」是指未來的香港由香港人自己管理。當時鄧小平的提法，令眾多原本對自己的身份還模糊不清的香港市民恍然大悟，原來自己就是香港人。基於擔心有朝一日「港人治港」會演變為「京人治港」，香港社會開始討論「誰是港人」。

六個階段，「香港共同體」成形

自一九四九年至今將近七十年，「香港共同體」經歷了摸索與變遷的六個階段：

階段一：一九五〇年代初是「香港共同體」硬體組建期。香港與大陸之間的出入境政策迅速收緊，深圳河從此成為兩地社會隔離的地理標誌。同時，香港工業化起步，香港區域內統一市場逐漸成形。

階段二：一九六〇年代中期是「香港共同體」軟體建構期。香港出生的人口趨於多數，無線電視臺的開播、李小龍的功夫電影及粵語流行音樂的興起，帶動香港文化進入創造期，香港本土認同也進入醞釀期。

階段三：一九八〇年代初，九七問題浮現。中英就香港前途的談判進入程序。鄧小平提出「港人治港」，引發「誰是港人」的討論。九七的陰霾刺激了香港人身份認同迅速浮出檯面。

階段四：一九九七年後，九七恐懼漸散，中港兩地加速融合。中國崛起帶來經濟機會及港人對CEPA的期待，香港社會的中國人意識趨強，香港本土意識則進入衰弱期。

階段五：二〇〇八年後，崛起後的中國仍然拒絕民主，劉曉波入獄等中國人權與體制問題頻生，香港普選前景不明朗，衝擊了香港社會對北京的信任。香港社會的中國人認同轉弱，香港人認同則趨強。

階段六：二〇一四年後，港人企盼三十年的民主普選落空，空前的「雨傘運動」挫折感催生了部分年輕世代的港獨意識，香港新本土主義進入蓬勃發展期，提出自主、自決、自救與獨立建國的新訴求。

「二〇四七香港自決」論的浮現

香港最早有關身份認同的民意調查，是一九八五年由香港中文大學劉兆佳與關信基做的「香港社會政治價值觀調查一九八五」。調查結果顯示，五九．五%的香港市民認為自己是香港人，大幅度多過自認為中國人的三六．二%。換言之，香港本土認同在一九八〇年代中葉已一躍成為香港社會的主流。

至一九九七年，綜合香港中文大學、香港大學等在一九九〇年代定期做的民意調查，平均每年都有將近六成的香港市民認同自己是香港人，約一成視自己是香港人也是中國人，約三成則認定自己是中國人。香港人身份認同，九七回歸之前一直維持在較為穩定的狀態（見左頁表）。

香港人，無疑是人類社會上最晚近、最新的身份認同之一。不僅九七回歸的談判過程中，做為當事人的香港人沒有被邀請參與，而且在籌備政權移交的權力運作上，也幾乎排除了在當時為主流民意支持的民主派人士。這種狀況在回歸後的特區政府權力結構上，也沒有明顯的改善。主流民意持續缺席的「後九七」特區運作模式，以及一國優先於兩制的權力思維，引發了二〇〇三年五十萬人上街的「七一大遊行」、二〇一二年的反國教運動及二〇一四年的雨傘運動。

「九七回歸」前香港本土認同的主流化趨勢

	自認是香港人	自認是中國人	自認是香港人也是中國人	自認不是香港人也不是中國人	其他／不清楚等
1985年	59.5%	36.2%	--------	--------	4.3%
1988年	63.6%	28.8%	--------	2.0%	5.6%
1990年	57.2%	26.4%	12.1%	1.0%	3.4%
1991年	56.6%	25.4%	14.2%	1.2%	2.4%
1992年	49.3%	27.0%	21.1%	0.7%	1.9%
1993年	53.3%	32.7%	10.1%	1.6%	2.4%
1994年	56.5%	24.2%	16.0%	0.5%	2.8%
1995年	50.2%	30.9%	15.4%	1.2%	2.2%
1996年	63.0%	27.0%	10.0%	--------	--------
1997年	55.8%	32.5%	9.4%	0.4%	1.8%

資料來源：根據各項研究資料，由林泉忠整理製表。

(1) 一九八五年的數據是根據劉兆佳與關信基的「香港社會政治價值觀調查1985」。除了一九九四年，從一九九〇年到一九九五年的資料來自香港中文大學香港亞太研究所、香港大學社會科學研究中心、香港理工大學應用科學社會科學系的「香港社會指標調查」；一九九四年的數據出自「香港市民對公共事務態度調查1994」。此外，從一九九六年到一九九七年的資料來自香港中文大學香港亞太研究所的數據。

(2) 百分比數據經四捨五入，相加未必等於100。

時下掌控香港的當權者正面臨的兩大課題，近為如何解決普選死局後持續至今的社會撕裂、躁動不安、看不到前景的困局；遠則是在自主與自決的訴求逐漸主流化的趨勢下，思考如何穩住民心，回應已開始浮現的「第二次香港前途問題」與議論中的「二〇四七香港自決」訴求。倘若掌權者在未來推出的政改方案繼續排除要求民主普選的香港主流民意，繼續在特區政府的權力運作中讓港人缺席，那麼香港人身份認同恐怕只會愈來愈強，香港年輕世代的本土抗爭力量恐怕也會愈來愈激烈，香港將亦發走不出困境。

回歸二十年，香港政治威權主義化

二〇四七年後的內外環境固然無法預測，《基本法》與「一國兩制」如何「新生」難以斷言，但從臺灣過去的威權時代經驗，以及「中國崛起」下大陸政體的「威權主義化」摸索過程，或許可看出一些端倪。

香港回歸後政治體制的發展方向，在《香港基本法》早已有相關規定。自一九九七年回歸中國至今，特區政府理應遵照基本法的規定而順利實施。然而，在香港迎來回歸二十周年的二〇一七年，卻引爆了一場香港的政體究竟是「行政主導」，還是「三權分立」的爭論，耐人尋味。

諷刺的是，捲入該場爭議的主要當事人，全都是中國《憲法》和香港《基本法》定義中的為政者，凸顯了回歸二十年來的中港政治菁英在香港政制的發展方向上，存在著嚴重的思想分歧，且兩者之間迄今仍未達成方向一致的共識，暗喻當下和未來香港政治體制的發展，存在許多不確定的因素。

另一方面，從二〇一四年六月北京發布《「一國兩制」白皮書》以來，中央政府包括中聯辦更加積極介入香港的內部事務，包括選舉與教育領域，重新規範香港特區政治運作的動作日益明顯，也引發了香港政制改革會否朝「威權主義化」方向移動的疑慮。

行政主導？三權分立？

引發這場爭議的導火線，是身兼中共中央港澳工作協調小組組長、中共中央七常委中位列第三的人大委員長張德江在二〇一七年五月二十七日出席「紀念香港基本法實施二十周年座談會」，發表談話時指出：「香港基本法規定特區政治體制不是三權分立，而是以特首為核心的行政主導。」此言一出，猶如一石激起千層浪，引發泛民政黨人士一片撻伐，大律師公會主席林定國也回應：「《基本法》列明香港有獨立司法權，回歸二十年來亦從不改變。」直至六月十日，後任特首林鄭月娥在接受電臺訪問時，表示「《基本法》寫明立法機關有權制衡政府」，才使這場爭論暫時告一段落。

那麼，究竟《香港基本法》是強調「行政主導」？還是「三權分立」？綜觀《基本法》的條文，在「政治體制」部分，第一節講述的是行政長官的職能，其後是行政機關、立法機關和司法機關。但是《基本法》全文既沒有提及「行政主導」，也沒有出現「三權分立」的字樣。換言之，張德江拋出「行政主導論」，認為「符合香港做為中央直轄下享有高度自治權的行政區法律地位」，從後續的論述中，不難看出其目的在於強調「中央和香港是授權和被授權關係」，以及「不容以高度自治為名對抗中央權力」。

泛民陣營則對張德江強調《基本法》中沒有提及的「行政主導」做出敏捷的反駁，批他的「行政主導論」破壞了《基本法》的「三權分立」精神。而從《基本法》對「政治體制」的整體論述觀之，其實無論是「行政主導」的意涵，還是行政立法互相制衡、司法機關獨立行使審判權的「三權分立」精神，在《基本法》裡都存在著可以解讀的空間，只是北京、建制與泛民之間，根據自己的利益，各自解讀的側重點不同而已。

超越二〇四七的「行政主導」思維

我倒是從張德江的「行政主導論」，配合中聯辦主任張曉明於二〇一五年九月十二日提出、凌駕於三權之上的「特首超然論」，再加上二〇一四年「雨傘運動」以來，北京諸多對重啟政改態度趨於保守的立場表述中，看出北京有意重新定位香港政治體制的發展方向。換言之，北京既傾向維持乃至強化特首在香港憲政中優於立法、司法的特殊地位，又在中港關係裡強調特首和特區政府居於「被授權」的相對弱勢地位，並透過如此的定位，控制特首，以達到其掌控香港的目的。

其實，北京的著眼點已經不僅僅限於處理當下的「香港問題」，而是將其針對治理香港的時間長度相關思考，拉到「五十年不變」結束的二〇四七年之後。近年在論述香港憲政體制與中港關係方面頗受高度關注的北京航空航太大學法學院副教授、一國兩制法律研究中心執行主任田飛龍，在其執筆的《行政主導過時了嗎？——香港憲制模式再思考》中，一方面指出「二〇四七年不是『一國兩制』與《香港基本法》的存廢時刻，而是新生時刻，也是行政主導與香港行政長官的新生時刻，當下的所有爭議，皆屬於路途中的理念與條件準備。」

誠然，田飛龍並未說明「不存在存廢」的「一國兩制」與《香港基本法》究竟如何在二〇四七年後「獲得新生」。他之所以筆多保留，顯然是考量到難以預測三十年後中國的變化對香港制度的影響，同時也道出了中共不僅不會放棄以「行政主導」鋪墊的權力思維，還將在未來很長的一段時間繼續構築。

順著此一權力思維的脈絡，不難判斷，香港特區政府即便未來重啟政改，至少在特首「普選」部分也必須符合「完全可控」的基本要求。換言之，在可見的未來裡，期待中南海放棄二〇一四年規範特首「普選」的人大「八三一框架」，恐怕只是幻想。而這種「可控」的選舉模式，則與政治學裡政治體制的威權主義特徵不謀而合。

威權體制下的「可控選舉」

在西方建構起來的政治學中，「威權主義」（Authoritarianism）是介於「極權主義」（Totalitarianism）與「民主主義」（Democracy）之間的政治體制。不過，從民主體制的視角而言，威權體制也被歸類為專制獨裁體制。只不過相較於國家或掌權者控制所有社會資源的「極權主義」，「威權主義」一方面比較缺乏強有力的統治意識形態，另一方面國家權力並非大到容不得人民保留一點點自由活動空間，包括宗教活動等。此外，威權體制的另一個特徵是容許某種程度的選舉，但是這些選舉結果必須是可掌控的。戰後發展較快的新興經濟體，包括中南美洲和東亞「四小龍」的韓國、臺灣、新加坡及許多東南亞國家形成的政治體制，大多屬於「威權體制」的範疇。

然而，過去的香港並非典型的威權主義政體，因為香港在一九九〇年代之前雖然沒有充分的選舉，但是一般威權政體所缺乏的言論自由、新聞自由和學術自由，卻受到相當程度的保障。經歷過港英時代末期的彭定康政改被推倒重來後，回歸之後的香港另闢蹊徑，並根據《基本法》所揭示的普選方向，步步為營地重建新的選舉制度。

不過，從〇七、〇八年「雙普選」的延後，再到規範二〇一七特首選舉的「八三一決定」出爐，已可清晰看出北京所理解的香港高層級選舉——包括特首及立法會的「雙普選」——都必須在「可控」的條件下實施。就這點而言，不難理解，回歸後在北京掌控下的香港政治體制發展方向，已與威權主義體制愈來愈接近了。

若是要進一步理解威權政體的本質與特徵，或許可以參考離香港最近的另一個華人社會——臺灣。

臺灣的「威權體制」經驗

要理解戰後臺灣政治體制的發展方向，可從一九四七年於大陸時期頒布的《中華民國憲法》如何在臺灣實施做為一個切入點。

根據該憲法的規定，一九四七年十一月及翌年一月分別在全中國包括臺灣省，實施了第一屆國民大會代表及第一屆立法委員的選舉。然而，隨著國共內戰的升溫，蔣介石於一九四七年七月公布「厲行全國總動員，以戡共匪叛亂」總動員令，並宣布全國進入「動員戡亂時期」。到了一九四九年五月，為了擴大總統的權限以應對內戰，國民大會頒布了特別法《動員戡亂時期臨時條款》。隨後，遷臺的國民黨政府制定了「反攻大陸」的國策，加上為了維持代表全中國的「法統」，蔣介石讓前述在全中國選出的民意機構代表無止境續任，以致出現「萬年國會」的現象。在此期間，國大代表與立法委員都無法全面改選，只允許小範圍的補選或增額選舉，由於國民黨掌握了絕對的資源，也使得非國民黨籍的參選人較難當選。

除了控制選舉，蔣介石和蔣經國時期的臺灣，也在《動員戡亂時期臨時條款》與戒嚴令的配合下，禁止臺灣民眾組織政黨，限制言論自由和新聞自由。因此，直到一九九一年李登輝推動憲政體制，廢除《動員戡亂時期臨時條款》以後，臺灣的國會才開始全面改選，並於一九九六年首次實施總統直選。換言之，臺灣的政治體制在一九九〇年代政治走向民主化之前，可以說是徹頭徹尾的「威權政體」。

香港政治的「威權主義」化

中共於一九四九年在大陸成功建政後，仿照蘇聯社會主義制度所建構出來的，是從西方政治體制論而言，屬於「極權政體」的政治體制。在此制度下，黨國一體，黨的意志就成了國家政策；政府控制了人民的思想，也幾乎掌控了所有民間的社會活動空間。

直到毛澤東去世，爾後迎來鄧小平推動改革開放，在他「思想解放」號召下，一九八〇年代成為中國大陸迄今思想最自由活潑的年代。北京處理香港回歸後實施「一國兩制、港人治港」的思維，也是在此較為寬鬆的政治氛圍下產生的。到了趙紫陽時期，中共已開始部署政治體制的改革，村民委員會選舉也得以引進。同一時間，一九八〇年代後期的香港也只開放了區議會選舉，臺灣則如上所述，仍然停留在地方選舉層面。也就是說，一九八〇年代末之前的兩岸三地，在民主進程上的差距並沒有那麼大。

經歷了一九八九年的民主運動和「六四事件」，中共擱置了政治體制的改革，使得威權政體朝民主政體轉型的契機隨之消失。此後，儘管「中國崛起」、經濟力量日益膨脹，「維持政權的穩定」卻成為中共日益牢固的原則性思維。在此思維下，中共自然醞釀收緊對香港的「寬容」，諸如推動「國民教育科」、「銅鑼灣書店事件」、準備直接插手香港教育制度等舉措，都一一顯示中共傾向使用管治大陸的手法，處理香港社會的反彈。

此一違反鄧小平「馬照跑、舞照跳」的思維，在「雨傘運動」後更趨明顯，香港在「威權政體」轉型的路線圖呼之欲出。雖然臺灣也經歷過威權主義時代，最終仍走向民主化的道路。然而，香港無論是當下的「威權主義化」，還是日後會否朝「去威權主義化」而去，都牢牢掌控在北京手裡，這是香港與臺灣最大的相異之處。

被框住的香港普選

北京針對香港「普選」強勢設定「八三一決定」框架，揭示了在經濟上成功崛起的中國仍然拒絕民主、仍無意走出權力至上的迷思。香港的困境不只折射出民主運動的路向與大陸政治體制改革的艱辛，也確立了未來數十年兩岸三地離合的基本方向。

在香港萬眾期盼民主雙普選早日到來、如火如荼的香港民主運動走向高潮之際，二〇一四年八月三十一日全國人大常委會做出了「關於香港特別行政區行政長官普選問題和二〇一六年立法會產生辦法的決定」（下稱「八三一決定」），確定了只有中南海屬意的人，才有可能成為未來香港特首的候選人，同時「八三一決定」還無視《基本法》「循序漸進」的精神，不同意在二〇一六年的立法會選舉中增加直選議席，杜絕了近六成選民支持的泛民主派未來主導香港政治的可能性。此舉在香港社會引發強烈反彈，從學聯和學民思潮領導的罷課運動和重返公民廣場開始，再到戴庭耀代表的「佔中三子」提前宣布「占領中環」正式啟動，首日警察即出動催淚彈驅離，引發大批市民的不滿，分別占領了金鐘、銅鑼灣和旺角等地，是香港回歸以來主流社會與北京中央政府之間的最大衝突。

顯然，「八三一決定」所左右的不僅僅是二〇一七年香港特首選舉與二〇一六年立法會選舉的安排，其中透露出中共對泛民主派欲「趕盡殺絕」的意志，也預示了在可預見的未來，無論是特首選舉或立法會選舉，都不可能是公平的民主普選。尤其「八三一決定」彰顯的，並不止於對香港民主發展的影響，也揭示了習近平無意在其主政下推動政治體制改革，中國的民主化將遙遙無期。再者，「八三一決定」毫不隱瞞地暴露了中共拒絕民主與權力至上的專制本質，不僅將進一步強化臺灣社會對「一國兩制」的拒絕與對中共的不信任態度，也間接昭示了在中共統治的年代，兩岸不可能走向統一。

本文將先回顧三十年來兩岸三地的民主進程，繼而展望與探討「普選決定」對大中華地區未來民主發展、兩岸關係及兩岸三地離合問題的影響。

今日的兩岸三地在民主發展方面處於截然不同的歷史階段。然而在三十年前的八〇年代，彼此的差距其實並沒有那麼大。

兩岸三地三十年的民主化進程

標誌著臺灣政治走向民主化的里程碑，是一九八七年解除長達三十八年的戒嚴令，以及一九九〇年「野百合學運」的臨門一腳。一九九一年和一九九二年開始實施的國大代表與立法委員全面改選，使臺灣從「威權政體」成功走向「民主政體」。在此之前，國會層級的選舉除了非制度化的增額選舉與補選外，仍維持著「萬年國會」的基本架構。換言之，在九〇年代之前，臺灣的制度化選舉基本上只停留在非中央直轄的縣市長與縣市議會的地方選舉，這點與香港的情況頗為相似，和大陸之間也沒有太大差別。

其實早在八〇年代，香港已建立比臺灣更健全的法治社會，在言論與學術自由度方面更是兩岸三地之冠。雖然港英政府在推動民主選舉方面起步較慢，卻也在一九八二、一九八三年開始實施區議會與市政局部分議席的直接選舉。後來，香港政府發表《一九八七年代議政制發展檢討綠皮書》，徵詢社會對「八八直選」的意見，並在一九九一年開始正式實施部分立法局議席的直選，且在一九九五年實現了所有議席由選舉產生。

另一方面，歷經文革十年浩劫、經過被稱為「北京之春」的七〇年代末「民主牆」運動後，八〇年代的中國處於迄今最為自由的年代，今天在學術界成為禁忌的「憲政」、「制憲」等議題，在當時都能較為自由的討論。一九八二年中國《憲法》確認了村民委員會的法律地位，為村民自治提供了法律依據。一九八八年六月中國大陸《村民委員會組織法》試行，啟動了村民委員會由選舉產生的新模式。中共十三大後，在趙紫陽的主導下成立「中共中央政治體制改革研究室」，揭開了「政治體制改革」的第一頁。

如上所述，一九八〇年代的兩岸三地在民主化道路上，處於比較接近的階段。然而，近三十年過去，三地之間的距離卻不斷擴大，如今早已無法同日而語。

臺灣在國會全面改選後，一九九四年舉行了臺灣省與直轄市的直選，並在一九九六年實現了總統直接民選，完成了政體民主化的基本程序，迄今已歷經兩次政黨輪替，民主實踐日趨成熟。香港則經歷了一九九七年「回歸」後選舉制度重來的變遷，在邁向特首與立法會「民主雙普選」的道路上，屢屢因遭受北京當局的壓制而顯得舉步維艱。目前立法會選舉仍停留在只有一半議席可以直選的階段，至於真正的特首民主普選何時得以實現，遙遙無期。

「八三一決定」顯示習近平無意推動政改

中國方面，隨著趙紫陽在「六四」後失勢，中共中央政治體制改革研究室被裁撤，「政治體制改革」從此停滯不前，選舉迄今停留在村民委員會的層級上。

香港政改是中國民主發展的風向標，人大常委會就香港普選的「八三一決定」，意味著習近平無意啟動中國政治體制改革，繼續拒絕發展民主政治。隨著「改革開放」的深化，大陸許多主要城市的經濟實力與人民生活水準已接近港臺地區，舊有的體制早已趕不上社會發展的需求，因而導致官員腐敗問題病入膏肓，事件層出不窮。對薄熙來與周永康這兩隻「大老虎」的肅清，明眼人都明白不過是「反腐」的障眼法，背後隱藏的是赤裸裸的權力鬥爭。

經歷了江、胡兩個時代後，中國利益集團與權力的結合，使中共的政改更加艱困。即便如此，許多中國知識分子仍對胡去習來有所期待。習、李體制倘若仍有一絲啟動政治改革的念頭，香港就是很好的試驗區域：讓香港嘗試舉行《基本法》原意指的民主普選，再研究是否值得中國內地借鑑。然而，中南海的新主人並無此意，除了以高壓手段，一方面推出《「一國兩制」白皮書》，肆意加入《基本法》裡不存在的、規範特首候選人資格的「愛國愛港」新條文，又在宣布「八三一決定」之前，拋出香港「普選」必須考慮「國家安全」的因素云云。另一方面則動員了培養近三十餘年的建制派為不公平的政改方案護航，製造在普選問題上香港社會「沒有共識」的假象，以正當化對普選層層設限的作為。人大常委會的「八三一決定」對香港普選方式的決定，昭示了當下的中共領導人將持續無限期地拒絕政治體制改革。

「愛國」與「國家安全」的荒謬

眾所周知，在香港實施的「一國兩制」，最早是北京當局為統一臺灣而設。回歸後香港「一國兩制」的發展如何「成功」，臺灣人民一一看在眼裡。中共在香港「普選」議題討論期間所拋出的「愛國愛港」、「國家安全」、「如果選出一個與中央政府對抗的特首」、「普選不存在國際標準」等論述，臺灣民眾看了，恐怕會覺得似曾相識，因為臺灣人經歷過威權統治的年代，明白這些都是獨裁統治者拒絕民主的說辭。

「愛國」在威權時代的定義，指的是一切服從統治者的旨意。因此，當年反對蔣介石獨裁的雷震，其言行自然被視為「不愛國」，他主編的《自由中國》被查封，他本人也無法躲過長達十年的牢獄之災。在解嚴之前，擁有一定活動空間的「黨外」勢力被國民黨控制的「主流媒體」視為異端，直到民主化時代才獲得正常的對待。與其他民主社會一樣，在後民主化時代的今天，倘若執政黨大肆提倡「愛國」，恐怕會被輿論質疑是否開民主倒車。事實上，當下哪一個民主社會在選舉前會高調要求參選人必須「愛國」？

以「國家安全」為由，同樣是獨裁者壓制民主的慣用伎倆。自從在國共內戰失利被迫撤退到臺灣後，國民黨政府以《動員戡亂時期臨時條款》為藉口，使國會不必改選，也使蔣介石得以連任總統。國民黨還以「國家安全」為由，拒絕與大陸「三通」（通商、通航、通郵）。然而，民主化後無論是國會選舉，還是解禁大陸探親、開放大陸民眾觀光及陸生升學，都沒有造成「國家安全」的問題，至少不會因為「國家安全」問題而喊停。難道現在香港所處的「國家安全」環境，比一九九六年臺灣總統直選前發生的臺灣海峽危機更加嚴峻嗎？

真假普選，不辯自明

在香港普選討論期間，中共還拋出了「世界不存在所謂普選的國際標準」。普選在各國的實施，或許沒有一套統一標準，但是獨裁專制嚴控下的北韓和海珊時代伊拉克的一人一票「普選」，以及對反對黨層層設限的穆巴拉克時期的埃及選舉，是否是「假普選」，即使是沒有選舉權利的大陸人民也心中有數。事實上，在選舉之前就得知統治者屬意的候選人才能當選，正是威權政體下選舉的普遍特徵。倘若這樣的選舉也硬說是民主選舉，那麼世界還需要民主政體嗎？臺灣還需要國會全面改選與政治民主化嗎？

「如果選出一個與中央政府對抗的特首」的論述更是滑稽。眾所周知，經過三十年香港與中國大陸的經濟一體化，即便有機會自由選舉香港的領導人，香港市民一定只會選出能夠與大陸溝通、有能力維持中港良好關係的領導人，因為選一個「與中央政府作對的特首」對香港沒有任何好處，更何況香港的用水及日用品大多仰賴大陸的提供，再加上香港市民選出特首後，還需要經過中央政府任命這一關，與其他民主社會（包括臺灣）不同。倘若此論述成立，臺灣和其他社會還能容許反對黨參選嗎？試問馬英九總統執政時期，民選的民進黨籍高雄市長陳菊和臺南市長賴清德曾經對抗馬英九的中央政府，並因此造成高雄市和臺南市的社會動盪嗎？

香港普選對臺灣的啟示

在「八三一決定」出爐前，北京當局高調發表了《「一國兩制」白皮書》，露骨地凸顯「一國」的優越性地位，同時擠壓「兩制」的空間，揭示了北京對愈來愈「不聽話」的香港已失去耐性。在此之前，北京對香港有所克制，主要基於三大原因：一、大陸改革開放初期，香港是「會生金蛋的雞」；二、「一國兩制」是對國際社會的承諾；三、要做給臺灣看。然而，「中國崛起」後，這些理由已逐漸消失，包括對臺灣的示範作用。

考量到兩岸關係和平發展的勢頭及臺灣「太陽花學運」因素，馬英九在「雨傘運動」初期的態度相對溫和，直至獲得幕僚建議後，他在中山會報中首次將香港民主運動提升到對兩岸關係的影響層面，指出倘若香港無法實現民主普選，將加深臺灣民眾的反感，拉開兩岸的距離，不利兩岸關係的推進。到了雙十國慶大會，馬英九發表「以民主為傲，以臺灣為榮」演說時，全面強打「民主牌」，表示堅定支持香港人民爭取普選，同時還向對岸呼籲「此時此刻，正是中國大陸走向民主憲政最適當的時機」。

習近平上臺以來，逐漸從過去的「內緊外鬆」政策走向「內緊外緊」，首當其衝正是香港。從發表《「一國兩制」白皮書》到「八三一決定」，再到「九二六」習近平親自向臺灣重提過去六年不提的「和平統一，一國兩制」，中南海的「內緊外緊」顯然已延伸至臺灣，造成臺灣朝野一致的危機感。馬英九的國慶演說，擺明就是對習近平政府過度自信的回嗆。

如今，北京當局似乎已放棄以「一國兩制」來吸引臺灣，取而代之的是透過經濟力量來左右臺灣未來的發展方向。只是，經過香港「普選」與「雨傘」一役，臺灣社會對北京當局的戒心將進一步強化。短期的影響將使「服貿」通過的時間表及與「貨貿」的談判時間表延後；中期影響則是兩岸政治談判的啟動益發遙遙無期；而長期的影響則是使臺灣對中國大陸的離心力愈來愈大，兩岸統一成為不可能。

北京當局對香港民主普選特首的實質扼殺，折射出中南海基於慣性的權力思維，並不允許挑戰其權力的勢力存在，包括任何可能向他說不的地方力量。然而，無法成功整合香港民意，制定出一套長治久安的選舉制度，化解日益加深的香港特區政府之管治危機，甚至引發占領街頭的運動興起，使香港陷入長期的政治與社會動盪，因而在歷史上留下「治港無方」的罵名；又或是促使臺灣「愈走愈遠」，造成兩岸永久性分離，責任又將如何擔當？

毋庸置疑，中國權力至上的代價，愈來愈高。

為何臺灣不再羨慕香港

三十年前的香港是一個幾乎樣樣都讓臺灣人羨慕的文明進步社會。不僅僅因為香港做為國際大都會而擁有琳琅滿目的商品、與世界接軌的服務與設施，更因為香港的高效率、嚴明的法治制度、受到充分保障的言論與新聞自由。然而，當下的香港幾乎已經不再有讓臺灣人稱羨的話題，究竟為什麼？

其實，香港社會與北京當局的關係，並非先天性地一直處於高度緊張狀態。雖然經過了八〇年代對「九七」的恐慌，經歷了「六四」、「回歸」、SARS的動盪，香港人依然積極面對，仍然盡力對「一國兩制」保持信心，也對「中國崛起」帶來中國社會經濟的變化及國際地位的提升給予正面評價。正因如此，香港人的「中國人」意識在二〇〇八年上升到歷史新高（參考港大「民意計畫」歷年的調查）。

北京管治香港態度的改變

基於統治大陸的經驗與對權力執著的迷思使然，中國愈崛起，愈傾向在政治上加強對香港的控制。二〇〇三年欲制訂「二十三條」和二〇一三年欲引進「國民教育科」，都是此一思維之下的舉措。然而，「自由」是香港人最不能妥協的核心價值，因此引發了「九七回歸」後香港社會與北京當局之間多次的激烈衝突。

重點是，在胡錦濤時期，對「香港問題」的處理還能展現相當彈性與柔軟度，因此二〇〇五年的果斷「換董」和二〇〇七年承諾「十年後香港可以普選」，相當程度安撫了香港人的情緒。然而「胡下習上」，不僅進一步加大力度強化對大陸境內言論與思想的控制，應對「香港問題」時也不再展示過去的綏靖姿態。

二〇一三年香港發生「反國教運動」後，中南海對「權力備受挑戰」的危機感日深，因此當二〇一四年「普選」議題一進入程序，北京當局就迫不及待地決定堵上大門，同年六月發表罕見的《「一國兩制」白皮書》（完整名稱為《「一國兩制」在香港特別行政區的實踐》白皮書）就是擺明車馬的態度。要不是前朝已經答應「普選」，否則這場「假普選」戲碼恐怕也省得排練。

儘管是「假普選」，儘管特區政府和建制派竭盡全力上演「二〇一七一定要得」這齣戲，據消息靈通人士稱，在香港立法會針對特區政府根據《決定》制訂的「假普選」方案表決以前，北京高層對於這個「假普選」方案，仍然存有究竟是「希望通過」還是「不希望通過」兩種觀點，結果是「不希望通過」成為最終意志。在香港的普選議題上，北京當局的「權力至上思維」如何表現得淋漓盡致，不言而喻。

我在「假普選」方案被民主派議員否決掉後，曾發表一篇題為〈政改方案否決後如何收拾殘局？〉的文章（《明報》，二〇一五年六月十五日），指出北京當局在「普選」死局後處理「香港問題」的三個選擇：

一、當作什麼都沒發生，「八三一決定」原封不動，梁振英繼續當特首；

二、換掉梁振英，雖然治標不治本，至少在某種程度上能撫平一部分香港市民的不滿；

三、對症下藥，盡早重啟政改，同時修正「八三一決定」，盡快讓普選問題軟著陸，讓已經嚴重撕裂的香港社會恢復和諧。

結果，正如我所預測，北京選擇「當作什麼都沒發生」，印證了中南海告別「綏靖政策」的決心。在此思維下，即便梁振英沒有連任而換成林鄭月娥，特區政府在「後政改」時期「集中精力改善民生」，但任何一個有基本ＩＱ的人都知道：香港社會與繼續由小圈子選出來的特首及北京當局之間存在的深層矛盾，不會因此消除。

香港社會的本土化與激進化

事實上，二〇一四年之後的香港不僅無法恢復「政改前」的狀態，當嘗試過所有和平抗議與民主訴求，都得不到掌權者一丁點善意回應後，部分不滿的情緒將訴求與抗爭手段帶向了原本香港主流社會並不期待的激進方向。

因此，當二〇一五年「旺角騷亂」發生時，我並不驚訝，並擔憂如此的激進行動（政府定性為「暴亂」）恐怕不會是最後一幕。誠然，「激進本土派」傾向街頭抗爭的手法並不為當下香港主流社會所認同，不過，從這次騷亂即使半夜仍能動員數百位支持者上街，已足以窺視「激進本土派」的氣勢已經發展到不容小覷的規模。

除了抗爭手段的激進化，年輕世代的訴求與思維也不再只停留在效果不彰的「爭民主」範疇，對過去被視為禁忌的主張不再低調和克制。「雨傘運動」時期，領導抗爭的學聯提出「命運自主」及「和平非暴力」的理念，此一思維在學生之間很快就發生了令人側目的變化。

當選二〇一六年香港大學學生會會長的孫曉嵐就直言支持「港獨」，認為「香港脫離中國、成為獨立國家」，在將來不排除有此可能，並主張「大家可繼續思考、討論，不應該自我設限」。同年香港中文大學學生會不僅舉辦公投，通過廢除特首任校監制，也選出了高舉「本土」旗號的「星火」新內閣。該年的會長周豎峰同樣直言本土化是學界大趨勢，並聲稱不排除採用勇武的抗爭路線。香港數所大學學生會的本土化趨勢迄今仍然持續。

香港社會尤其是年輕世代日趨明顯的本土化與激進化，印證了「後政改」時期特區政府掩耳盜鈴政策的失敗，也揭示了不僅臺灣，「雨傘運動」結束後的香港社會發展方向，同樣不因北京當局的意志而轉移。

此外，二〇一六年周豎峰率領的中文大學學生會「星火」內閣在校內選舉期間打出的標語是「完成本土革新的最後一里路」，其中的「完成最後一里路」，正是源自臺灣總統蔡英文在大選前奮鬥的目標。自從二〇一三年以來，從香港的「反國教運動」到臺灣的「太陽花學運」，再到香港的「雨傘運動」，港臺兩地的社會運動相互影響，尤其是年輕世代的抗爭行動。儘管臺港兩地公民運動之間的合作相當有限，而所謂的「『臺獨』與『港獨』結合」更是虛多於實，卻是北京當局最忌憚的事態發展。二〇一七年臺灣政黨時代力量在立法院組成「臺港連線」，並邀請香港本土派議員和本土政黨人士訪臺出席研討會一事，對於北京當局的敏感神經是何等刺激，可想而知。

無論是所謂的「香港問題」，還是「臺灣問題」，其根源實際上仍然是「中國問題」。解鈴還需繫鈴人，北京當局能否真正開竅，擺脫權力至上思維的桎梏，換上民主開放的新思維，無疑是解開所有癥結的關鍵所在。

「本土六子」與港獨

「本土自決六子」透過二〇一六年九月的立法會選舉成功進入立法會，一度改變了回歸以來香港的政治版圖。然而在港府清除「港獨」勢力的部署下，「四子」先後因宣誓問題而被褫奪議員資格，只是要杜絕「港獨」則是一項幾乎不可能完全的任務。

香港「九七」後的政治安排，早在回歸前已經確定在《香港基本法》的框架下運作，因此理應不會出現連中央政府都無法預測的歷史性政治事件。然而，二〇一四年普選問題至今無法軟著陸，二〇一七年七月林鄭月娥取代梁振英出任新一屆特首，新特區政府卻未能推出解決香港社會撕裂問題的有效政策，以致香港的政治運作仍然處於高度不確定的危機中。

在此鬱悶的時空下，北京在回歸前早已寫好的香港特區劇本中不存在的戲碼，卻目不暇給地一個接一個上演。短短兩年，除了二〇一四年香港史上最大規模的反政府「雨傘運動」、二

○一六年春節爆發的「旺角騷亂」、高舉「香港獨立」旗幟的「傘後」政黨的誕生之外，還發生了六位有別於傳統民主派的「本土自決派」青年菁英在二○一六年九月的立法會選舉中高票當選等歷史性政治事件。

「本土六子」崛起的時空背景

二○一六年立法會的選後分析，大多聚焦在勝敗的分析及「本土自決派」的崛起如何改變立法會的政治版圖，相對忽略了「本土自決六子」之間的異同，包括彼此的政治光譜、政策取向、策略手法等，這些卻都是「本土自決派」能否在香港社會繼續擴大其政治勢力不可忽視的重要變數。

「六子」之所以不約而同被列為「本土自決派」乃至於「本土派」，彼此之間固然有許多共通之處，究其崛起的原因，包括以下三方面的背景。

其一，「本土優先」的價值取向與思維獲得擴大的空間。九七回歸後，中港兩地融合迅速，一來是因CEPA等經濟政策，中港經濟一體化迅速成型，造成香港經濟依賴中國大陸的比重愈來愈高，壓縮了香港對大陸的議價空間，導致「本土優先」的訴求容易獲得支持。

其二，北京並沒有因為經濟崛起而在政治上走向更開放、更民主，反而在國力日益強大的背景下，對「不聽話」的香港愈來愈不耐煩，並傾向將其統治大陸的威權手法，套用在應對香港的反彈上，《一國兩制白皮書》、「普選八三一決定」、「銅鑼灣書店」即為顯例。「一國」被不斷強化，「二制」則日趨弱化，造成香港社會對維護本土文化與社會價值的危機感。

其三，中港之間特殊的單程證移民配額、超出負荷能力的自由行政策及港深兩地因市場不統一而引發的水貨等問題，也導致港人對維持原有生活空間與生活方式的擔憂。這些在回歸後出現的香港「大陸化」趨勢，成為「本土自決派」崛起的重要背景，「香港利益優先」遂成為這波本土運動的核心價值與訴求主軸。

「香港優先」＋否定中共治港正當性

除了「香港優先」，否定中共擁有香港主權與治權的正當性，是「本土自決派」成員之間另一共通特徵。「本土自決派」傾向認為香港回歸後的困境或深層矛盾的根源來自於拒絕民主的中共體制，因此「反共」成為「本土派」互相共鳴的意識形態，也成為與傳統「泛民主派」區隔的要點。

傳統的「泛民」承認北京對香港的主權與治權，實際上承認了中南海握有統治香港的最高權力，包括解釋《香港基本法》的權威地位。然而，香港回歸以來發生了人大常委會的五次

「釋憲」、北京單方面發表強化「一國」超然地位的《基本法白皮書》、被視為形同拒絕履行普選承諾及將「真普選」判死刑的「八三一決定」、露骨地干預香港的選舉等強悍姿態，使「本土派」不再信任北京，同時領悟到反民主的中共是香港不斷沉淪的最大元凶，故提出制訂《香港約章》、「公投決定二〇四七」、「全民制憲」等傾向否定現行基本法的訴求。

另一方面，「本土自決派」也因此抨擊「泛民」的「民主回歸論」，認為「泛民」誤信了「中國在經濟進步後會走向民主」，及「中國會履行對香港民主化的承諾」……基於這種思路，「本土自決派」也傾向否定過去「泛民」堅持的以「中國民主」為前提的香港民主運動方向。基於這種思路，因此對每年舉辦傳統紀念「六四」的燭光晚會抱持消極態度。

「本土六子」的政治光譜

話說回來，儘管更強調「香港優先」、同時傾向與中共對決的「本土自決派」與「泛民」的區隔顯而易見，然而其內部各黨各派之間並非鐵板一塊。倘若將「六子」放在「自由主義 vs. 保守主義」、「中港融合 vs. 香港獨立」這兩組意識形態的光譜上，彼此之間的差異就更為凸出。

首先，在「自由主義 vs. 保守主義」，亦稱「左派 vs. 右派」這組光譜上，從「六子」及其所屬政黨過去各自的運動重點與政策主張中，可較清晰地分出兩大類別，即相較於青年新政與熱

當選二〇一六年立法會議員「本土自決六子」基本資料

姓名	年齡	學 歷	當選時職業	所屬政黨	「自決」類型	「港獨」取態
梁頌恆	30	城市大學	電子商人	青年新政	民族自決	支持
游蕙禎	25	嶺南大學	文員	青年新政	民族自決	支持
鄭松泰	32	北京大學博士	大學講師	熱血公民	民族自決	支持／保留
劉小麗	40	中文大學博士	大學講師	小麗民主教室	民主自決	保留選項
朱凱迪	38	中文大學	社運人士	土地正義聯盟	民主自決	保留選項
羅冠聰	23	嶺南大學	大學生	香港眾志	民主自決	保留選項

來源：參考各項資料，林泉忠製表。

血公民，土地正義聯盟、小麗民主教室及香港眾志更明顯傾向西方政治意識形態中的「自由主義派」或「左派」，注重階級的平等、維護基層草根民眾的權益，同時反對官商勾結、大財團掌控香港經濟的現象。

土地正義聯盟的朱凱迪以二〇〇七年反對拆除皇后碼頭行動為起點，長年投身環保、文化保育、城市規畫民主化相關議題的社會運動，批判「官、商、鄉、黑勾結」，其他具體積極參與的社運還包括菜園村事件關注行動與反高鐵運動等，因此在光譜上「自由主義」或「左派」的色彩最為濃厚；

學者出身的劉小麗則於二〇一四年設立「青年重奪未來」，開始參與社運，並於「雨傘運動」期間廣設「小麗民主教室」而為人所知，其政策重點放在照顧弱勢群體，包括關注攤販權益、性別議題及全民退保等；香港眾志則以學運帶動社運的方式起家，因年齡關係而未能參選的祕書長黃之峰因反國教運動崛起，而參選立法會並順利勝選的該黨主席羅冠聰則是雨傘運動的領袖之一。雖然由於年齡與學生身份的因素，該黨參與學運以外的社會運動較少，但在房屋、醫療、性別等政策主張則接近小麗民主教室與土地正義聯盟。

「六子」的「港獨」取態

另一方面，在「中港融合vs.香港獨立」這條軸線上，由於「六子」都強調「香港利益」與「中港區隔」，主張強化「香港人」意識，因此在身份認同上都不存在向「中港融合」傾斜的認同取向與政策方向。不過，就「香港獨立」議題上，青年新政提出「香港民族、前途自決」，較明顯站在「支持」立場，被剝奪參選資格而造就青年新政的梁頌恆「代替」參選並勝出的梁天琦所屬的「本土民主前線」則是更清晰主張「港獨」的團體。熱血公民在形象上與本土民主前線及青年新政較近，不過在「港獨」的取態上則有某種程度的模糊性，一方面對香港的「大陸化」或「中港融合」展示明確的拒絕態度，抗爭手法之激烈程度也比本土民主前線及

「本土自決六子」的政治光譜

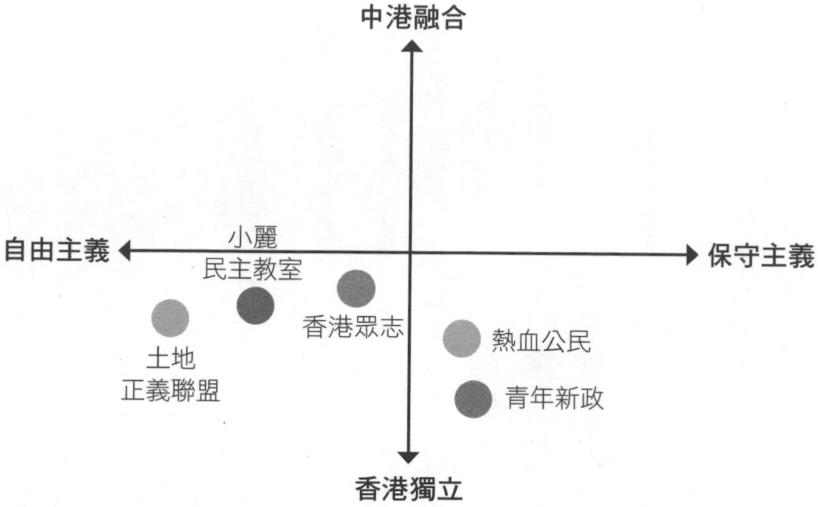

來源：林泉忠製圖。

青年新政有過之而無不及，另一方面則主張「永續基本法」，並提出「文化建國」，還於二〇一五年五月至六月期間舉辦「香港國旗設計大賽」，因此同時存在「傾獨」及「維持現狀」的特徵。而小麗民主教室、土地正義聯盟及香港眾志的態度則顯得較為謹慎，更強調的是香港市民的自決權，對「港獨」的態度，充其量僅作為未來香港前途的「選項」。

就「中港融合 vs.香港獨立」這條軸線上的落點而言，青年新政與熱血公民雖然不盡相同，但比較強調「香港人」的「民族性」與（針對「中國人」／「大陸人」的）「排他性」。相比之下，香港眾志、土地正義聯盟及小麗民主教室則對「香港人」與香港文化的定義持較為開放的態度。因此，若以「六子」之間最大公約數的「自決」立場而言，小麗民主教室、土地正義聯盟及香港眾志可歸類為「民主自決派」，而青年新政與熱血公民則可歸類為「民族本土派」或「港獨自決派」。

「港獨」四子被趕出立法會

「港獨」作為後雨傘時代出現的新議題，已成為繼「普選」後，直接觸動北京最敏感神經的焦點。然而，香港過去並未處理過如此棘手的問題，如何在實施一國兩制、言論受到保障、同時「二十三條」仍未立法的香港社會解決「港獨」問題，成了從中央政府、中聯辦到特區政府最為頭痛的棘手問題。不過，從因應二〇一六年的立法會選舉開始，特區政府在杜絕「港獨」問題上所採取的立法會內與立法會外的應對策略已逐漸明朗化。

首先是分三步驟，「把港獨堵在立法會門外」。第一步是於二〇一六年立法會選舉報名參選期間，梁振英特區政府不尋常地首次要求參選人簽署「反港獨」誓約書，取消了「本土民主前線」的梁天琦、「香港民族黨」的陳浩天等六位「港獨參選人」的參選資格。不過「傾獨」的梁頌恆、游蕙禎、鄭松泰還是成功參選並獲得勝選。

特區政府出手的第二步是把已經進入立法會的「港獨」議員趕出立法會，而梁頌恆、游蕙禎兩位議員在宣誓過程中所涉嫌的辱華言行則提供了最佳的理由。梁游兩人在各自的宣誓中展示「HONG KONG IS NOT CHINA」（香港不是中國）標語，並在宣誓時更改誓詞內容，且將「CHINA」讀成被指帶有辱華性質的「支那」發音。其後特區政府以律政司名義向高等法院提出司法覆核，並透過人大釋法，最終由法院於十一月十五日就司法覆核作出裁決，宣布梁頌恆與游蕙禎的議員資格被取消。其後律政司繼續就其他四位議員包括劉小麗、羅冠聰、梁國雄、姚松炎的宣誓問題，入稟司法覆核，香港高等法院原訟庭於二〇一七年七月十四日裁定該四名議員全部宣誓無效，並自二〇一六年十月十二日起已喪失議員資格。至此，「六子」中的四子已被特區政府成功透過法律程序而趕出香港立法會。

港府打擊「港獨」的步驟

香港特區政府進一步阻止「港獨」勢力進入立法會的做法，是透過司法覆核繼續打擊年輕的佔中「雨傘運動」領袖的氣勢，使他們短期內無緣嘗試再次參選立法會。二〇一七年七月，已被褫奪議員資格的羅冠聰、被視為在符合年齡資格後將參選下屆立法會議員的香港眾志祕書長黃之鋒、雨傘運動時期任學聯祕書長的周永康等因於雨傘運動期間衝擊公民廣場案涉非法集結罪，而於二〇一七年八月十七日被香港法庭判處六至八個月的監禁。

根據立法會議員選舉的參選資格規定，刑滿出獄五年內不得參選，故此這些年輕的學運領袖將不可能參選下一屆立法會。然而，他們還年輕，即使五年後羅冠聰仍未滿三十歲，特區政府如何再出新招，進一步在立法會鏟除本土自決勢力，將是下一階段的觀察焦點。

相形之下，對特區政府而言，要阻止立法會外港獨勢力的蔓延，其難度顯然高得多。於二〇一六年三月成立、明目張膽提出香港獨立主張的香港民族黨、同樣主張港獨或傾獨的本土民主前線及青年新政等這些被視為港獨的組織，迄今仍合法存在。目前香港特區政府採取的步驟是以涉嫌非法集會之名，先禁止這些組織的街頭活動。

二〇一七年香港回歸二十周年紀念日前夕的六月三十日，香港民族黨原定傍晚於尖沙咀鐘樓廣場舉行「哀悼香港淪陷廿載」集會，後來因香港警方發出「禁止集會通知」，並且派出逾百警力包圍，迫使該場集會取消。由此次香港警方的行動可以窺視出未來港獨的街頭活動將受到嚴格的限制。

不過，儘管上述香港民族黨在尖沙咀的集會被迫取消，但是後來他們隨即轉換場地，成功在浸會大學學生舍堂外廣場繼續舉辦，而警方則沒有進入校園干預。換言之，香港特區政府迄今在阻止港獨勢力進一步擴大的議題上，雖然大幅度削弱了在立法會的「港獨」力量，但是現階段打擊港獨在社會上的活動方面，基於香港保障言論與集會自由的法律規範與社會輿論的阻力，仍無法全面到位。

杜絕「港獨」的局限性

不難預測，港府下階段處理港獨問題的措施，一方面是尋求盡速完成就香港基本法二十三條有關國家安全，即叛國罪、分裂國家行為、煽動顛覆國家政權罪、顛覆國家罪及竊取國家機密等條文的立法，使香港警方與法院在處理禁止港獨活動方面有更完備的法律來依循；然而即便如此，是否能在言論上也能加以禁止，我以為將是檢視港獨勢力未來生存空間的關鍵。

話說回來，前述香港民族黨在浸會大學廣場舉辦的「哀悼香港淪陷廿載」集會，獲得了包括香港大學、中文大學、城市大學、浸會大學、教育大學、樹仁大學等大學學生會的支持與參與，與會的年輕學生還跟著擔任演講嘉賓的香港民族黨召集人陳浩天高喊「香港獨立」，「We are not Chinese, we are Hongkonger」口號。從中可以看出包括這六所大學在內，香港的大專院校學生會至今仍然幾乎清一色地由本土派掌控。

此外，被褫奪立法會議員資格的「四子」其背後包括這些年輕世代支持者十幾萬選票的分量亦不容小覷。總而言之，北京及香港政府要杜絕港獨乃至自決思潮在香港社會的蔓延，在未來相當長的一段時期，將仍是一項不可能完全成功的艱鉅任務。

沖繩普選啟示錄

二〇一四年十一月十六日，當香港仍然籠罩著普選失敗後的鬱悶氛圍，在離香港一千四百公里外的沖繩，日本NHK電視臺於晚間率先宣布，反對普天間美軍基地搬往名護的翁長雄志獲選為新一任沖繩知事，首府那霸和名護市街道隨即沸騰了起來。沒錯，沖繩人民用自己的選票展示了民主的力量，改變了「天」。

沖繩的變天與普選

同樣位於東亞一隅的香港與沖繩命運頗為相似，除了不約而同在近代經歷主權變更與「回歸祖國」，也同樣在回歸之後，在國民整合與國家認同方面與「祖國」不完全一致，存在「離心」問題。不過，圍繞在「普選」與「民主」議題上，香港與沖繩卻有截然不同的命運。

早在二〇一四年引發香港「雨傘運動」的「八三一決定」公布之前，中國中央政府限縮香港普選的意志就已聞得樓梯響。兩個多月之前的六月十日，中國國務院新聞辦公室發表的《「一國兩制」白皮書》焦點內容，除了議論紛紛的「必須愛國愛港」之外，最令人費解的莫過於新增加的、普選必須「符合國家安全及利益」的條件。

若要論及「國家安全及利益」與選舉的關係，此次沖繩知事選舉提供了非常值得參考的例子。究竟「國家安全及利益」如何成為這次選舉的焦點？沖繩選民如何思考「國家安全及利益」與民主的關係？日本中央政府又是如何應對，是否以「國家安全及利益」為由，恫嚇阻止沖繩的選舉？

國家安全與沖繩選舉

其實，此次選舉從一開始就充滿緊張氣氛，原因是選戰的焦點直接涉及沖繩與日本中央政府的關係。日本政府早就針對將位於沖繩中南部的普天間美軍基地，搬往北部名護市邊野古海岸此事，與美國達成了協議。安倍內閣不顧沖繩社會的激烈反彈，一意孤行，並施壓迫使縣知事仲井真弘多於二〇一三年底簽署同意邊野古填海計畫。此舉引發當地輿論譁然，沖繩縣議會及各市町議會紛紛通過決議，一致批評仲井真知事違反「搬往縣外」的選舉承諾。正如選舉當天《沖繩時報》頭版標題所示，這次選舉正是沖繩選民對仲井真的言行，及對日本政府無視沖繩民意的「嚴厲審判」。

對安倍政府而言，普天間搬遷問題是如假包換的國家安全及利益問題。眾所周知，日本的國家安全仰賴《日美安保條約》庇護，而約四分之三駐日美軍的基地數十年來長留沖繩，也被歷屆日本政府視為國家安全得以確保的重要基石。為彌補沖繩社會所承受的基地壓力，日本政府歷來採用經濟援助當作補償，也就是香港坊間常說的「送大禮」。

不過，這世上並非所有事情都可以用錢來衡量。二〇一四年一月名護舉行市長選舉，選民頂住安倍政府將對名護市減少經濟援助的暗示，選出了反對在該市興建新美軍基地的稻嶺進。縣知事選出與中央政策相左的翁長雄志，也著實反映了沖繩人民用自己的一票，展示主權在民與不懼國家暴力的意志。翁長雄志在選後明確表明：「將不負縣民所望，行使縣知事的權限，全力阻止（中央）政府將普天間基地搬往邊野古的計畫。」

尊重民意調整政策，化解矛盾

從民主主義的視角而言，國家是基於人民自由意志訂定的社會契約而成立，因此國家不能無視民意，國家政策應該跟隨民意的走向做出調整，而不是獨沽一味地要求人民必須聽從政府的命令及指揮。在法治成熟的國家，即使中央政府涉及地方利益的某一項政策與當地民意發生衝突，也不可能粗暴地排除地方民選政府與社會的意志，強行推行中央政策，更不可能以「國家安全及利益」為由，限制或操縱當地的選舉。執政的自民黨在自己支持的仲井真弘多敗選後，也沒有擺出咄咄逼人、一副以「國家安全」壓人的態度，而是「誠懇地接受選舉結果，會真誠地與翁長縣知事磋商，盡一切努力，在獲得沖繩縣民理解的前提下，推動普天間基地的搬遷計畫」。

在香港普選爭議方面，為中國人大「八三一決定」護航的說辭中，不乏「擔心選出一個與中央對立」的特首云云。此說即使比照曾是獨立王國（琉球）的沖繩，顯然也不具備說服力。以本次沖繩選舉為例，新知事或沖繩主流社會只是在美軍搬遷問題上與中央政府不一致，並不意味著沖繩社會什麼事情都與政府「對著幹」，更不意味著沖繩打算脫離日本獨立。

沖繩普選始於一九六八年

沖繩在戰後被美國占領統治達二十七年，其間雖有各級地方選舉，但直到一九六八年才實現最高級別的琉球政府行政主席與琉球立法院之「雙普選」。儘管沖繩於一九七二年五月十五日「復歸」日本，但是復歸前選出的行政主席與立法院議員，並沒有在「復歸」當日被趕下車，而是坐「直通車」過渡到復歸之後。復歸後四十多年來，沖繩一直根據普選方式進行正常的縣知事與縣議會議員的換屆選舉，迄今未變。同時，日本政府也從未以「愛國」、「國家安全」、「外來勢力」、「琉獨」、「顏色革命」、「普選不存在國際標準」、「許多有普選的國家社會並不安定」等諸多藉口，限制沖繩人民的普選權利。

為何「三聞齊下」的人大「八三一決定」引發了香港學生的罷課及轟轟烈烈的「雨傘運動」？在思考香港特首普選方式的時候，不妨參考一下沖繩縣知事是如何選出來的。

沖繩縣知事的選舉是「一人一票」，重點在於參選的資格。根據日本選舉法規定，只要年滿三十歲以上的國民都可以登記參選，不限參選人數。不過，有意參選者在登記時需繳付三百萬日圓（約臺幣八十二萬），以示嚴肅對待此次參選，若得票率未過一〇%，就會沒收這筆保證金。此一脫胎於英國選舉制度的參選方式如今通用於世界各國，包括臺灣的縣市長選舉。做為較合理且通用的選舉方式，香港未來的特首普選也應考慮朝此方向邁進的可能性。

沖繩的民主「雙普選」始於一九六八年，但香港要實現像沖繩那樣的民主普選，卻不知何年何日。普選對包括沖繩在內的許多鄰近國家地區的人民而言，早已是如空氣一般自然存在的基本權利，對於法治健全卻受制於北京權力至上思維的香港而言，卻是遙遙無期的奢侈品。

即使面對國家安全議題，沖繩給仍陷於「普選」漩渦中的北京當局與香港特區政府的啟示是：摒棄權力至上思維，相信人民、順應民意，才是國家與社會和諧並存、長治久安之道。

第三部

「太陽花」與「雨傘」的邂逅

別小看天然獨

自二〇一四年太陽花學運以來，臺灣社會出現了一個新的名詞——「天然獨」。「天然獨」世代究竟有何特徵？與傳統的臺獨有何不同？如今，「天然獨」是否已經蔓延到了香港？

近年來香港與臺灣的學生運動此起彼落，年輕一代的訴求及其在運動中展示的瞬間爆炸力，不僅衝擊了現有的執政體制，也對未來社會的發展方向帶來難以低估的影響。正因為如此，被這股年輕力量挑戰且否定的執政者，即使還站在臺上，也不得不放下身段，展示重視年輕人訴求的柔軟姿態。

自二〇一四年三月太陽花學運以來，臺灣社會出現了一個新的名詞——天然獨。此一新概念發展至今，儼然成為理解臺灣新一代不可或缺的關鍵詞。

「天然獨」概念的源頭，正是現任臺灣總統兼民進黨主席蔡英文。或許正因為蔡英文成功解讀了臺灣年輕世代的心理，因此在總統選戰中獲得年輕選民的壓倒性支持，入主總統府。

蔡英文在二〇一四年七月十九日民進黨召開全國黨員代表大會前夕，就黨代會是否討論凍結臺獨黨綱時表示：「隨著臺灣的民主化……認同臺灣、堅持獨立自主的價值，已經變成年輕世代的天然成分，這樣的事實、這樣的狀態，如何去凍結？如何去廢除？」

這段話隨即引發社會的廣泛討論。被視為民進黨臺獨理論家的林濁水在其〈華山論劍〉專欄連發三文，討論年輕世代的「天然獨」（當時他使用的是「自然獨」）。

後來，「天然獨」快速成為臺灣社會的流行用語，並被太陽花世代所接納。太陽花學運之後崛起的新政黨「時代力量」在組黨期間，身兼該黨建黨工程隊代理總隊長（後就任黨主席），也是太陽花學運領袖之一的黃國昌，於二〇一五年七月八日就該黨的國家定位與兩岸主張直言：「天然獨是時代力量的創黨DNA。」並進一步指出會將「追求臺灣國家地位正常化」此目標列為黨綱。

二〇一五年十月，一位來自外省籍深藍家庭的二十三歲臺灣青年投書電子媒體，在這篇引發廣泛轉載和議論的〈身為一個年輕人，國民黨得不到我支持的三個原因〉中，他點出其中一個原因是：國民黨小看天然獨。他批評國民黨和中共一起「把這些天然獨的年輕人，統統打成是被民進黨洗腦的」。

臺灣年輕人與生俱來的天然獨

在臺灣，臺獨並非新生事物，而是由來已久的政治主張與思想。然而，隨著天然獨帶來的語彙新詮釋，賦予了臺獨全新的內涵與形象，構成二十一世紀新臺獨現象的四大特徵。

其一，天然獨強調的是自然的、與生俱來的天性。不同於傳統臺獨的後天屬性，天然獨並不背負過去臺獨發展過程中所經歷的歷史悲情，也否認受到特定政黨的操控或臺獨教育的洗腦。正因為視天然獨是一種自然生成的觀念，因此具有拒絕汙名化的自然反應。

其二，天然獨的假想敵不再是傳統的國民黨，也不限定於臺灣民主化時代的中共，而是轉換成崛起的中國以及向北京當局靠攏的國民黨。在過去的臺獨思想發展脈絡裡，尤其是威權時代及民主化初期，臺獨的假想敵是國民黨，帶有濃厚的省籍因素，因此成為終結國民黨「外省人統治本省人」的意識形態。

二〇〇〇年民進黨執政後，臺獨思想的抗爭對象從國民黨轉移到不放棄武力犯臺的北京政府。到了太陽花世代，天然獨的反對對象除了北京當局，還有在馬英九時代日益明顯、不斷向中國靠攏的國民黨政府。正因為抗爭對象的變換，天然獨也因此得以重建新的政治攻守態勢，並試圖裂解現階段的假想敵。

其三，天然獨化暗為明，擺脫了傳統老派臺獨的隱諱陰影特質，彰顯出自在與自信。在國民黨威權統治時代，臺獨不僅是禁忌，相關的活動與訴求都因損及國家安全和擾亂社會秩序，成為被取締的對象。即使是今日，臺獨仍被北京當局視為數典忘祖、十惡不赦、絕沒有好下場。然而，如今臺灣年輕人的「獨」在冠上「天然」此一形容詞後，已一掃負面形象，在使用上也常展現出「別小看天然獨」的自信。

其四，天然獨世代對中華民國的接受程度高於傳統的臺獨支持者。傳統臺獨認為中華民國是國民黨外來政權帶來的國家符號，存有排斥的心理。然而，年輕世代基於出生以來所熟悉的，對中華民國、青天白日滿地紅國旗、國歌等國家象徵大多予以接受，並與「臺灣是主權獨立的國家」銜接。不過，天然獨世代對國民黨連接中國的國家論述，以及中華民國憲法不現實地涵蓋大陸地區的中國座標，則趨於無感乃至否定。

二〇一五年十一月，新臺灣國策智庫公布了在馬英九與習近平會談後舉行的一項民調結果，數據顯示高達九八%的年輕世代（二十至二十九歲）認同自己是臺灣人，只有二%認為自己是中國人，而認同「臺灣未來應獨立成一個國家」的同樣高達八一·九%。

香港的本土運動

近年來香港民眾對中國的離心力，也在多項民調中顯露出來。根據長期就香港身份認同固定舉辦民調的香港大學民意研究計畫歷年調查數據，可以發現在九七之前穩居主流的香港市民之「香港人」本土意識，到了回歸後出現逐漸下滑的趨勢，反之，「中國人」意識則穩步上升，二〇〇二年之後更發生逆轉。

然而，香港市民的中國人認同在北京奧運二〇〇八年上升到最高峰後，卻開始走下坡。一方面是香港民眾的「〇七〇八年雙普選」訴求遭遇挫折，政改前景黯淡，另一方面則是汶川大地震後浮現的豆腐渣工程問題，及其後爆發的毒奶粉事件中，北京當局的處理應對，包括對於揭發者和維權律師的迫害，使中國政府在香港社會的形象急劇下滑。中國人權問題再度惡化，也反映在該年底起草《〇八憲章》的劉曉波被捕。在獄中的劉曉波獲得諾貝爾和平獎的二〇一〇年，香港市民的身份認同結構再次發生了逆轉，自認香港人的比例再度超過中國人，並在其後的「雨傘運動」時期達到頂峰。

香港中文大學傳播與民意調查中心的民調也發現相同的趨勢。在「雨傘運動」末期的二〇一四年十月，該中心所做的香港人身份與國家認同民調，發現對比於過去十八年的調查結果，自認為是中國人的比例，由一九九七年的三二・一%下跌至八・九%，其中三十四歲以下的「八〇後」更低至四・三%，反之香港人認同則高達三八・一%（其餘部分主要為雙重身份認同）。

換言之，香港民主化的挫折和中國人權問題的惡化，造就了香港社會的本土認同近年來快速高漲，中國人認同卻急速弱化的弔詭現象。

不過，「香港人」意識的強化未必意味著港獨意識的高漲。二〇〇四年，中國國務院發展研究中心港澳研究所所長朱育誠無中生有地挑起「港獨論」，讓港獨議題一舉獲得了討論的空間。此後十幾年來，圍繞在港獨的議論此起彼伏，也逐漸使潛在的港獨從虛體逐漸走向實體化。

二〇〇七年我首度與港大合作舉辦涉及港獨的身份認同民調，受訪者中有二五％認同如果可以選擇，香港應該獨立，不認同的則為六四．七％。當時正是香港人的中國人認同達到最高峰的時期，相信倘若在後雨傘時代重新調查，支持港獨的數字可能會出現較明顯的增加。此一判斷主要是基於兩個階段的發展變化。

首先，陳雲於二〇一一年發表的《香港城邦論》，及二〇一二年中港矛盾，與二〇一三年反國教運動的爆發，刺激了香港學界思考（不以中國大陸民主化為前提的）香港本位論述。二〇一四年「雨傘」啟動之前，由港大學苑出版的專書《香港民族論》（九月）及同年刊出的〈香港民族　命運自決〉（二月號）、〈香港民主獨立〉（九月號）雜誌專題，正是此一氛圍中最具代表性的著作。不過，在此階段，港獨仍然停留在論述層面（參照一一七頁〈被框住的香港普選〉）。

然而，「雨傘運動」的爆發，終於使港獨首次走出書本、紙媒與網路。由學聯領航的罷課行動和雨傘運動，一開始就打出命運自主的口號。為避免普選的訴求失焦，雨傘運動的年輕菁英並沒有進一步在運動中提出政治獨立的主張。學生和其他參與者中有七五・一%並不認同自己的訴求是港獨[1]。然而，北京最終全面拒絕真普選的訴求，也觸發了香港本土運動進入全新的歷史階段。

後雨傘時代的香港本土運動蓬勃發展，支流繁多。其中與香港社會較有連結、較具影響力的，包括以激烈的街頭行動來捍衛本土利益的熱血公民、本土民主前線、青年新政、香港民進黨、香港眾志、香港列陣等傘後政黨。不過，在香港民族黨出現之前，大部分媒體能見度較高、也較具代表性的本土派支流，並沒有旗幟鮮明地提出在政治上與中國切斷關係的主張。

相比之下，同一時期港大、城大、中大及嶺大等大學生在校園內外，大膽喊出「Hong Kong is not China」的香港版天然獨則直接得多。到了二〇一五年三月港大《學苑》提出「二〇四七香港自決」與同月香港民族黨成立後，「三自一獨」即自主、自救、自決，港獨中的部分或全部訴求，才成為香港本土運動參與者追求的目標。

「天然獨」在臺灣與香港的同與異

當下香港的疑似天然獨與臺灣的天然獨，並不全然一樣。最大不同在於所處環境的迥異。

如今的臺灣社會，天然獨就如空氣般可以自然地、無所恐懼地存在，既可以成為政黨競爭中區隔彼此的政治理念，也可以成為選舉時顯而易見的政治訴求。天然獨可以在當下臺灣社會自由自在、理所當然地存在，主要是基於兩大環境要素。

其一、一九四九年之後的臺灣，在中華民國的框架下，走向了有別於中華人民共和國的「國家化」過程。一九七一年之前的臺灣，更是聯合國安理會五大成員國之一，即使在退出聯合國並喪失一個個主要邦交國後，至今仍維持著獨立運作的自主政府。

其二、一九九〇年代以來，臺灣政治與社會的民主化及本土化，強化了一般民眾拒絕北京當局對臺灣主權要求的意識，造就了今日天然獨的土壤。

至於香港，回歸前是英國的殖民地，回歸後做為中華人民共和國的一部分，中南海握有香港最高統治權。加上港獨意識是回歸後才在香港社會出現、蔓延，目前亦仍未成為主流。因此客觀而言，香港天然獨並不具備如臺灣一樣的天然環境。

不過，香港在過去和現在，卻也客觀存在著能夠讓天然獨意識得以想像和滋生的條件。首先是香港獨特的國際地位。回歸前，香港雖然是英國的殖民地，卻享有以香港（非「英國香港」）的獨立身份，自主參與一些國際組織的活動，包括聯合國轄下的世界氣象組織（WMO，一九四八）、UNRCC（AP）聯合國地區繪圖會議（亞太區，一九八二）、全球地理信息管理亞太區域委員會（UNGGIM-AP，一九九四）等，其他還包括國際奧委會等一百多個國際組織[2]。其中許多組織是臺灣望塵莫及的，也有不少組織加入時間比中華人民共和國更早。回歸後在北京強化對香港主權的驅使下，雖然名稱改為中國香港，但仍能以單獨的身份繼續參與這些國際組織。

其次，在一九九七年香港主權從英國移交中國後，根據《香港基本法》，香港獲得除了國防與外交之外的高度自治，與中國大陸「河水不犯井水」（江澤民），相當程度區隔了大陸。事實上，香港迄今仍擁有與大陸不同的關稅區、出入境管理、市場（否則不會有「奶粉問題」）、貨幣、法律、教育制度、教科書，也享有大陸不存在的新聞與言論自由。

然而，近年來中國政府干預香港事務的舉動日益明顯，二〇一四年六月強化中央權力的《「一國兩制」白皮書》及「八三一決定」，扼殺香港主流社會爭取民主普選，讓香港社會深刻領悟到北京當局並無誠意讓香港有真正的民主，也看清中共權力至上的本質。在雨傘運動後，香港社會的危機感日深，終於促使許多市民，尤其是年輕一代更為大膽地提出拒絕大陸化、香港不是中國及三自一獨的訴求。

觀察香港正在萌芽、疑似臺灣天然獨的現象，我以為，港版天然獨可定義為：根據過去長久以來香港並不受中華人民共和國政府統治的歷史經驗，在面對九七回歸後，尤其是近年來香港日益明顯的大陸化趨勢，而產生拒絕北京當局強勢干預香港的社會心理，基於中共與中國重疊的現實，因此萌生出「香港非中國」及「三自一獨」的意識。

中共為臺港「天然獨」提供溫床

天然獨在臺灣的發展及在香港的萌芽，有一重要的共同特徵——中國因素。在中國因素下，臺港兩地的天然獨世代，透過互相影響的太陽花學運與雨傘運動的經歷與記憶，在「去中國」的想像與重新建構自主意識的過程中，獲得了相互共鳴的空間。

黃國昌的一段話道出了中國因素與天然獨的因果關係：「從二〇一四年太陽花運動以來，歷經中共公布的《「一國兩制」白皮書》以及香港雨傘革命，臺灣人民已經清楚意識到臺灣唯有自立自強、不再傾中媚共，才能有未來。」事實上，臺港間接的命運共同體關係，也在太陽花學運及雨傘運動中「今日香港，明日臺灣」的形象化訴求裡獲得了強化。

中國因素指的是崛起後的中國，一方面繼續拒絕發展民主政治，另一方面透過強大的經濟力量與政治力量干預香港及臺灣的政治、改變兩地社會的核心價值，使香港出現明顯的大陸化趨勢，也使臺灣社會出現深重的危機感。

我自一九九四年畢業論文寫〈臺獨運動的起因〉開始，觀察這二十餘年來臺獨在臺灣社會的發展，目睹北京至今未改變「反臺獨的堅定立場」，眼睜睜看著臺獨從非主流的異端，演變至今日主流化的天然獨。

同樣的，二〇〇五年的港獨從京官無中生有的虛無狀態，走到今日年輕一代大膽地在社會公共場域展示「Hong Kong is not China」，乃至直接提出「三自一獨」訴求等實體行動，在這段過程裡，即使視港獨為洪水猛獸的北京當局如何口誅筆伐、恫嚇威脅、取締香港民族黨的街頭活動、褫奪立法會本土派議員資格，但在《香港基本法》言論自由的保障下，對於港獨意識在香港社會（尤其是年輕世代之間）的蔓延，似乎也無可奈何。

即使香港特區政府宣布港獨主張違法，從臺灣的經驗看來，已經興起的香港民族主義不會因為法律的限制而消失。

前述臺灣青年在投書中所提及的天然獨主要理據，一是中國的人權問題，二是「在國際上不斷打壓我們」。前者（中國的人權問題）與香港天然獨萌芽的背景完全相通，後者在香港則換上了「在民主路上不斷打壓我們」。事實上，二〇〇七年我與港大合作的民調及二〇一三年臺灣中央研究院社會學研究所的調查，也在在顯示了無論是香港、還是臺灣，「中國繼續由中共統治」是天然獨得以蔓延、發展的溫床。換言之，高喊反對臺獨、港獨最力的中共，諷刺地成為臺獨與港獨的最大支持者。

弔詭的是，北京當局對臺灣和香港年輕人的臺獨與港獨意識擴大的現象，向來將之解讀為：被敵對勢力利用、受外部勢力干擾，卻從不捫心自問「為什麼中國崛起時期，卻有更多臺港民眾不願意當中國人？更想獨立？」、「為什麼英國統治一百五十年期間，香港從未有過獨立運動，卻在回到祖國懷抱後喊出獨立的聲音？」、「為什麼香港史上規模最大的反政府運動佔中，不是在殖民地時期發生，而是在回歸祖國之後爆發？」

解鈴還需繫鈴人，現階段能夠真正有效阻止處於萌芽階段的香港新一代「三自一獨」意識進一步發展的唯一力量，是北京當局正面回應壓倒性的香港年輕世代爭取民主普選的訴求，並大膽著手中國大陸邁向民主化的政治改革。否則，香港社會步向臺灣天然獨的後塵，恐怕難以避免。

註

1 此一數據是根據香港中文大學新聞與傳播學院兼任講師鄧皓文於二〇一〇年十月中在占領區所做的調查。

2 包括國際奧委會（一九五一）、亞洲開發銀行（ADB，一九六九）、關稅暨貿易總協定（GATT，WTO世界貿易組織前身，一九八六）、世界海關組織（WCO，一九八七）、亞洲太平洋經濟合作會議（APEC，一九九一）、東亞及太平洋地區中央銀行會議（EMEAP，一九九六）、亞太海事安全首腦論壇（一九九六）等一百多個國際組織。

臺港年輕人為何不信任中國？

習近平雖然在二〇一五年的青年論壇指出「世界的未來屬於年輕一代」，但現代年輕人的精神面貌、臺灣年輕族群的所思所想、臺港年輕世代為何不信任中國，習近平真的了解嗎？

臺灣的太陽花學運和香港雨傘運動爆發後，港臺年輕人的問題，終於進入了中南海決策者的視野。其後，北京當局對港和對臺部門積極蒐集港臺年輕人如何、為何造反的相關資料，但這些部門透過分析資料得出的結論，卻排除了涉及他們自身的責任問題，認為臺港年輕人之所以鬧，原因不在北京當局的政策，而在於受到臺獨、港獨勢力的煽動和利用，以及因為敵對勢力包括外部勢力等第三者的介入。

問題是交流不夠嗎？

北京當局並非沒有反省，但反省只停留在「港臺青年工作做得不夠好」。因此，「加強港臺年輕人對祖國的認識」成為最重要的政策方向。除了只聞樓梯響和涵蓋範圍狹小的「協助青年到內地創業」，具體主要做法仍然以組織港臺學生青年赴大陸交流團為主，以讓香港和臺灣的年輕人多多了解祖國的變化和進步。

誠然，以上做法一點都不新穎，其實學生交流團早在回歸前的香港已經開始，回歸後從中學到大學，香港各學校組織交流團前往大陸如雨後春筍，早已是常態。然而現實是：在回歸十七年後，香港學生卻來了一場史上最大規模的反政府雨傘運動。

顯然，問題之所在不是交流不夠。留到「雨傘」現場最後一刻的香港中文大學副教授周保松博士，可是在大陸出生長大的，難道他也對大陸的進步和變化一無所知嗎？

臺灣年輕人又如何？

在臺灣九合一選舉前，我在微博寫到：「看到當下臺灣學生的精神面貌，不得不感慨國民黨大勢已去。」然而，臺灣年輕人的想法，即便是大部分關心臺灣社會走向的大陸民眾（包括網民）也所知甚少。試想太陽花學運和雨傘運動期間，在中國大陸媒體嚴密封鎖相關訊息的情況下，又有多少人了解實際情況呢？難怪後來某位浙江大學的副教授來訪時，我問她：「您知道為什麼香港發生佔中？」她毫不猶豫、直接明快地回答：「港獨！」

二〇一五年十月底，一篇題為〈身為一個年輕人，國民黨得不到我支持的三個原因〉的文章在臺灣電子媒體刊出後，引發熱議。我將該文稍作分析後，將原文貼在面向大陸讀者的博客，一天下來點擊率就超過三十萬。許多大陸讀者看了之後「感到震撼」，除了因為平時少有機會接觸臺灣年輕人的真正想法，也因為作者許嚴冰是一位二十三歲、來自外省籍的深藍家庭青年。其實，如此年輕人在臺灣司空見慣，之所以「震撼」，正是因為當許多大陸讀者還在跟著中國中央的口號做統一夢時，看了這一篇臺灣年輕人心聲的文章，這才赫然發現，臺灣社會早已遠離他們的思維範圍，而這，當然也是拜北京當局長期以來，持續封鎖臺港一般新聞媒體所賜。

臺灣年輕人不支持國民黨的理由

許嚴冰的文章所列舉不支持國民黨的理由，分別是：

一、太老，趕不上時代的變遷；

二、把年輕人當白痴，認為國民黨的思維還停留在戒嚴時代；

三、小看天然獨，作者批評國民黨「把這些天然獨的年輕人，統統打成是被民進黨洗腦的……」

儘管作者的思維不算太縝密，所論之問題面向也並不全面，但不容否認的是，他的想法在臺灣年輕世代中具有相當的代表性，否則不會幾乎所有臺灣主流媒體都加以報導、轉載。重點是，在看待臺灣年輕人這方面，北京當局和國民黨恐怕只是五十步與百步之差。

雖然許嚴冰該文批的對象是國民黨，然而從文章的許多直接或間接的意見中不難發現：像他一樣的臺灣年輕人對北京當局不止無感，更是厭惡。

「在我成長的過程當中，我就生長在臺灣，我自然而然地認為玉山是我國最高峰，濁水溪是我國最長的河流。這些體悟並沒有人指導、更沒有人洗腦，從小對於中國只有兩個印象，就是他們一直在人權上有迫害的問題，另外就是在國際上不斷打壓我們，否定我們身為一個國家的尊嚴，這樣的行為實在無法和自己的『國家』連在一起。一個到處做壞事且又欺負我們的人，沒有人會認為是自己人，因此年輕人支持臺灣獨立是自然的。」

這一席話雖然旨在批國民黨「一再和自己曾經反對的中國靠攏，但早已得不到年輕人的支持」，卻也毫不隱諱地道出了兩岸關係中現實存在的三大問題。

問題一：北京從過去三十多年來演變至今的對臺政策，目的不外乎：一、希望臺灣人更想當中國人；二、希望臺灣人更想統一。但是對臺研究和對臺政策搞了幾十年，是成功還是失敗，一目了然。

問題二：北京無法獲得臺灣民心的主因之一，是一般大陸人民鮮少知道的「中國對臺灣不斷的打壓」，也就是連不敢和北京當局說不的連戰和吳伯雄訪問大陸時，都要提及的「臺灣的國際生存空間」問題。

問題三：北京賦予臺灣社會不同世代和族群的形象，和「一直在人權上有迫害的問題」連接在一起。對此，中國官方向來將問題推給對方：「受偏頗惡意的敵對勢力的媒體渲染所影響。」

可是，中國壓制人權，早已是世人的一般印象。別說諾貝爾和平獎得主劉曉波被關至病死，單是為什麼包括他以及六四的消息至今仍然全面封殺？為什麼無數的維權律師一個個被抓起來？為什麼憲政、文革及反右等話題還是無法堂堂正正進入公共討論的空間？為什麼到現在就是堅持不允許百姓正常使用谷歌、臉書、推特、YouTube？尤其弔詭的是，習大大卻可以在百姓不能用的臉書開設自己的帳號？諸如此類，大陸政府都還沒有對人民做出清楚明白的解釋。

人人都想自己決定未來

話說回來，雖然在雨傘後期，覺得前景茫然黯淡的香港年輕人的想法，與臺灣同齡人的思維著實有許多共通之處，兩地年輕世代當下所面臨的，卻是截然不同的處境。

日前，在網上匿名聊天室裡，一位二十二歲來臺北旅行的香港年輕人和我聊起天來，當他知道我在臺北定居時，冒出一句：「你好厲害啊，可以移民臺灣！」我就問莫非他也想移民並追問為什麼，他回答我：「香港不行了，太大陸了！」

曾幾何時，香港是臺灣人羨慕的進步與國際化大都會。然而，在回歸後成長的如今這一代香港年輕人正面對的，已經不再是還有無可能真普選，而是香港社會將一步步地被黨國體制化、自己將進一步被國民教育洗腦、香港的自由和法治等核心價值將逐漸喪失的危機。而另一邊，儘管臺灣社會也存在許多需要克服的問題，不過與香港不同的是，臺灣年輕人不僅可以大膽寫出不畏觸碰逆鱗的文章，更能透過神聖的一票，決定自己的未來。

為何如今中國崛起進入高峰期，卻引發臺港年輕世代更為顯著的離心力？這是值得每一位有良知的中國人深思的問題。

太陽花學運的革命性

如果說一九九〇年的野百合學運成為李登輝開啟憲政改革與政治民主化的推手，那二〇一四年的太陽花學運則是以「天然獨」世代為主體的臺灣社會在面對「中國崛起」的壓力下，展示出堅守自身價值的自信。同時也再一次揭示：沒有民主的中國，臺灣和香港就難以安心與「神州大地」比鄰共存。

學運興起與民意走向

二〇一四年三月十八日發起的「太陽花學運」，讓臺灣一躍成為國際媒體寵兒，包括未在臺灣駐點的CNN及半島電視臺等國際媒體，都進入了學運舞臺立法院做現場報導。國際媒體雲集，恐怕是一九九六年三月臺灣海峽危機以來未曾有過的罕見光景。

當時因李登輝訪美而被激怒的北京當局在海峽舉行飛彈發射與軍事演習，企圖阻止李登輝在同月舉行的臺灣首屆總統直選中勝出。時隔十八年，這次受到國際矚目的學運似乎與當年的臺海危機風馬牛不相及。然而，或許是歷史的巧合，兩者卻有一個共同點，那就是「中國」因素。

這次臺灣學生反「兩岸服務貿易協定」的導火線是國民黨立法委員張慶忠於三月十七日在「三十秒」內將協議送進立法院會存查，此舉被認為違反程序正義。學生擔心在立法院議席中占絕對多數的國民黨會就此表決通過協議，情急之下，於十八日做出了占領立法院的激烈舉動。

學生當時喊出的口號是反「黑箱服貿」，起初並不全然是反對協議的內容，然而隨著占領立法院事件不斷發酵，媒體討論「服貿協議」內容的頻率也大幅增加，反對協議內容的訴求逐漸受到社會廣泛的關注與認同，也使學生占領立法院的異常行動「意外地」得到社會的同情與支持。

三月二十六日出版的《今周刊》公布了學運以來的第一份正式民調，結果顯示五六·三％民眾不支持臺灣政府和中國簽訂「服貿協議」，僅有二二·三％的人支持。對於學生要求「退回重審」的訴求，七六·一％贊成，一二·二％反對，就連平時支持國民黨的民眾中也有六九·三％支持。至於學生占領立法院的做法，六四·九％的受訪者表示支持，不認同的只有二六・五%。有了民意的支持，使學生在立法院的抗爭得以延續，也使國民黨政府在學運初期就不得不做出妥協，同意立法院對協議逐條審查。只是，這樣的讓步顯然無法滿足抗議學生的期待。

服貿議題呈現兩種思路

到了學運第七天，錯估學生力量的馬英九總統不僅拒絕與學生對話，甚至在總統府召開記者會，繼續為政府希望立法院盡快通過協議的立場護航。判斷錯誤的總統記者會不僅無法平息學生的怒氣，更引發當晚另一些激進學生和民眾攻占行政院及警察強制驅離的流血事件。

馬英九政府認為協議不能再等，強調的理由是一旦拖延，將被與中國的自由貿易協定談判已進入尾聲的韓國搶走先機，不利臺灣產業未來的競爭力。其實，如此主張在臺灣社會並非沒有說服力。學運興起之前，支持「服貿協議」的民眾並非居於明顯少數。主辦這次民調的機構，另以各大學經濟系主任為對象發了問卷，結果發現回答問卷的十三位經濟系主任中，有十二位認為臺灣應該與中國簽署「服貿協議」。

顯然，抗議學生與一般民眾的想法與經濟學專家的專業思維有相當大的落差。抗議學生及其支持者擔心倘若協議通過，做為臺灣經濟主體的中小企業將面臨巨大的衝擊。

其實，促使一般百姓趨於支持學生的主要力量，並非經濟因素本身，而是來自於社會對中國的戒心與恐懼感的政治因素。

臺灣與中國大陸開始雙向交流是二〇〇八年馬英九主政以後的現象。開放「三通」與大陸觀光客來臺在二〇〇九年才起步；自由行與大陸學生到臺灣升學也是二〇一四年以後的事；而來自中國大陸的投資則還沒正式開始。與和大陸經濟一體化先走一步的香港不同，臺灣的對外貿易雖然有三成與中國相關，但是在政治方面，因中國大陸的經濟力量而受到的影響還不深。不過，近幾年有幾次事件讓本來就因意識形態而「恐中」的臺灣社會，對中國的戒心日益加深。

北京對臺以經逼政

其一，二〇〇八年在北京當局「兵分五路夾擊」下，使已排上日程的「加入聯合國」公投流產；其二，二〇〇九年在中共的壓力下，馬英九領導的政府拒絕世界維吾爾代表大會主席熱比婭入境訪臺；其三，二〇一二年臺灣總統選舉，在中國有投資的商界領軍人物如王雪紅、郭台銘等，在中國影響下於投票日前力挺「九二共識」，相當程度上左右了選舉結果；其四，早在二〇〇九年就購得中國時報、中國電視、中天電視的企業主，在大陸有龐大生意的旺旺集團老闆蔡衍明於二〇一一年欲併購有線電視的中嘉網路，引發大學生與文化界掀起「反旺中」及「反媒體壟斷」運動，並延燒至二〇一二年。

這些引發臺灣社會高度戒心的「中國壓力」，正是此次以脫序行為起步的「太陽花學運」之所以能匯集如此社會能量的主要來源。上述民調也如實反映了臺灣的「恐中」現狀，五七%的受訪者贊成和其他國家簽貿易協議，卻有五六%反對與中國簽署服貿。換言之，此次以大學生為主導力量的「反服貿運動」興起，正是臺灣社會積聚已久的「反中」情緒一次大爆發。

值得關注的是，支持臺灣「反中」情緒的一個觀點是來自香港的先例。CEPA帶動了香港與大陸的經濟一體化，雖然並非沒有正面影響，但許多市民看到的是房價被大陸買家炒高，使香港年輕人再也買不起房；大量的陸客使藥妝店、銀樓和名牌精品店的營業額大幅提升，香港市民日常生活仰賴的小店和超市卻在部分地區消失了。此外，當然也包括了近年來北京駐港中聯辦對香港特區事務日益明顯的干預。其實，每年「七一大遊行」、近年「中港矛盾」的爆發、香港社會悲壯的爭取普選民主運動，這一切臺灣人都看在眼裡，也是為什麼這次太陽花學運中出現「今日香港，明日臺灣」的口號，顯而易見。

為何占領立法院？

許多人無法理解為什麼實施了二十多年議會民主直選的臺灣，還有那麼多學生採取激進的手法，強行占領民主殿堂立法院以阻止「服貿協議」的通過；也有不少人批評這些年輕的學生根本不懂民主制度為何物。

更有許多網民表示：既然臺灣人有選票，下次選舉用選票不投國民黨不就可以了嗎？這種說法忽略了民主選舉制度的一個盲點，即做為民主基本形態的「多數決」可能受到濫用的弊病。

一般而言，決定選民的投票行為有多種因素，並不意味著勝選的政治人物或政黨的所有政策都受到人民擁戴。譬如日本的安倍晉三領導的自民黨，過去好幾次國會選舉都大獲全勝，其原因可能是他的經濟政策奏效，或只是因為「勉強比其他政黨好些」而已，並非安倍參拜靖國神社、容許自衛隊擁有「集體自衛權」的《新安保法》或修憲政策，都得到大多數日本國民的支持。

再者，許多新政策的醞釀和推動都是在選舉後才出現，並不表示選民同意在國會占大多數議席的執政黨可以為所欲為。在選民之間分歧較大的議案，倘若執政黨濫用多數決，意欲強行通過，即使在比較成熟的民主國家，也必定遭致輿論與社會的激烈反彈。二〇一三年與二〇一五年安倍晉三首相領導的日本執政聯盟不顧主流民意的反對，強行通過《特定祕密保護法案》和《新安保法案》就是很好的例子。在多數決魔罩下，面對執政黨濫用權力，無力的在野黨除了採用「牛步」、「拉布」等拖延表決的戰術外，最常見的就是肢體衝突等激進行為。

臺灣學生情急之下占領立法院，目的正是為了阻止國民黨利用在國會的主導地位，將備受爭議的「服貿協議」強行打包通過。學生們的擔憂與不滿之所以大爆發，正是源於國民黨備受質疑的違反程序與黑箱作業。因此，支持者認為「在非常時期採取非常手段」是不得已的選擇。

占領立法院絕非民主社會的常態現象，任何違法行為也不應鼓勵。臺灣年輕人從小受到儒家道德的熏陶，公德心方面居於兩岸四地之冠，公車、捷運的讓座率更在世界平均國民素質最高的日本人之上。在譴責學生的過激行為、質疑學生民主素養之前，是否應該先問問為政者，是什麼原因讓平時彬彬有禮的乖孩子突然「變壞」了？

在民主化的道路上走在所有華人社會前列的臺灣尚如此，更何況在立法會仍有半數未直選的香港了。從「反二十三條」到「反國教運動」，從臺灣的「太陽花學運」，再到香港的「雨傘運動」……是否要等到「非常」的人民力量大爆發，當權者才願意低頭讓步？值得所有為政者深思。

「太陽花」打亂北京當局對臺部署

一場意外的太陽花學運，打亂了北京當局對臺工作的部署。然而，對北京政府而言，也未嘗不是塞翁失馬、爭取臺灣民意的良機。

中國國臺辦的態度在事件期間數度出現微妙的變化。「三一八占領國會」一星期後的三月二十六日，國臺辦發言人馬曉光對學運不以為然，毫不隱飾說：「沒有人願意看到兩岸和平發展與經濟合作的進程受到干擾。」這裡所說的進程，除了經濟合作，就是兩岸和平發展。經濟方面的進程，近指「服貿協議」後的「貨貿協議」，整體則是指兩岸的經濟一體化。

毋庸置疑，「服貿」也好、「貨貿」也好，都不是純粹的經濟合作，而是為了繼續推動兩岸和平發展，中期目標則是啟動兩岸政治談判。在臺北對於北京的政治對話呼籲持續進行冷處理的氛圍下，中南海寄望的是盡快促成兩岸經濟一體化「以經逼政」。而經濟一體化的進程在ECFA簽署之後，最重要的臺階正是「服貿」與「貨貿」。故此，北京當局難隱進程因學運而受阻的錯愕神情。

當學運的最大訴求「先立法、後審查」成為現實後，北京當局因應情勢的推移而微調姿態。在四月十日至十一日召開的博鰲論壇期間，國臺辦主任張志軍表示：「學運給了我一個啟示，就是需要了解臺灣所有情況，尤其基層民眾和中小企業的想法。」言下之意，終於意識到過去無論是在推動經濟一體化或兩岸和平發展的進程裡，北京當局向來倚重的兩大勢力——國民黨與包括臺商在內的財經界——已不足以確保進程的推進。表示希望上半年能訪臺的張志軍還放下身段，稱如果條件允許，他「希望能直接和臺灣學生對話」。張志軍的言論展示了北京當局對臺工作的靈活與自信，也透露了未來工作將增加兩大重點的玄機。

北京當局對臺政策新重點

其一、爭取基層民眾和中小企業的民意。無論是ＥＣＦＡ還是服貿議題，大家看到的是北京政府將過去對香港社會慣用的那一套「讓利」和「送大禮」思維，搬到兩岸經濟合作上。如今碰壁後，如何花功夫了解「臺灣基層民眾和中小企業」湧現的民間思維，逆轉這些「以商圍政」的憂慮，減輕反彈，將成為北京當局「後太陽花時代」的新課題。

其二、強化與臺灣青少年的交流。近年來，北京政府強調「寄望於臺灣人民」，而這批聲勢浩大的「太陽花」學子，恰是其對臺經營的弱項所在。「反服貿」學運雖然引起不少爭議，然其所匯集的、足以改變政府政策的社會能量，展示了臺灣新一代的威力，也跌破了中南海的眼鏡。

誠然，無論是走進臺灣基層、接觸基礎中小企業、讓利南部農民，還是強化臺灣青少年與大陸的交流，「三中一青」政策的重點均在於拋棄「讓利」的俯視心態。然而，從民進黨在二〇一六年總統大選與立委選舉中大勝，以及太陽花政黨「時代力量」冒起，印證了北京當局調整的新對臺政策並未成功。

「太陽花」留下的省思課題

二〇一四年三月至四月興起的太陽花學運持續二十四天，寫下了歷史，不僅對臺灣的政治發展影響深遠，也引發世人對究竟「民主」為何物的激烈討論。

就太陽花學運的成果而言，單從「三三〇」號召五十萬人遊行集會來看，無論是動員能力、公眾形象的塑造、對媒體的駕馭方面都有其成功之處。當然，更重要的是他們「反服貿」的訴求在民意上獲得支持，也使得馬英九政府無論是在該議題的運作方式乃至政府的管治能力都相形見絀，不僅衝擊了同年十一月底舉行的、包括臺北市長在內的「七合一」地方選舉及兩年後的總統與立委選舉，更對「天然獨」世代的崛起、傳統「藍綠」對立的政治生態，乃至對走過了二十多年民主道路的未來方向帶來深遠的影響。

二十四天下來，太陽花學運也帶來了臺灣社會對「民主」定義、內涵、形式的深層討論。運動所呈現最弔詭的地方，莫過於以「違法占領國會」行為出發的學生運動，其訴求卻獲得大多數民意的支持。由此所引發的問題不僅僅是學生行為的合法性、正當性，同時也帶出另一個更震撼的問題：當做為民意象徵的議會無法反映大多數人民意志的時候，這樣的議會存在意義為何？

誠然，學生自己也強調運動不是革命，並非要推翻國會，然而太陽花學運的效果以及其對傳統議會民主的衝擊，顯然已深具革命性。

兩岸三地處於不同的民主發展階段，臺灣人民思考的是如何反思已建立起來的民主制度，討論如何改善民主運作過程中的瑕疵與盲點；香港則議論如何在威權「祖國」的限制下建立符合民主定義的選舉制度；中國大陸的人民則停留在爭取資訊自由的階段及如何在不民主的制度下保障自己的權益。

近年來，北京當局以為找到了能夠在政治上影響香港與臺灣民心的竅門——透過經濟力量，讓香港人和臺灣人聽話。然而，太陽花學運給華人世界的啟示是：唯有建立一個民主的中國，才有可能讓香港與臺灣社會安心地與中國大陸比鄰共存。

尷尬的「祖國」

同樣是華人社會，兩岸三地社會的國族認同卻南轅北轍。本文嘗試以「祖國」概念為切入點，探尋其中弔詭之處。這些弔詭現象折射出的是兩岸三地在不同時空下所經歷的政治社會環境之變遷過程。

「九七回歸」後，每一年的「十一國慶」成了香港人接觸「祖國」最多的日子。今年香港迎來了特區成立後的第二十個國慶日，「祖國」的高頻率出現自是預料中事。從升旗禮向「祖國」致敬，到國慶晚會的《歌唱祖國》，從大小店舖的「國慶酬賓」到電視螢幕上的國歌、國旗，一幕幕構成了「九七」後最醒目的一道新風景。短短二十年，「祖國」的語境在香港煥然一新。然而，香港市民的「祖國觀」是否已真的改變？若再環視兩岸，無論是定義還是用法，對「祖國」的認知，如今依然迥異。

何謂「祖國」？

在香港今年這特殊的年份裡，省思一下兩岸三地圍繞「祖國」的諸多弔詭現象，當有助於理解香港與臺灣這兩個社會複雜的國族認同。

何謂「祖國」？追溯「祖國」這一詞語的來源，可以發現早在《大明一統志》（一四六一年）裡，就有了「默德那國，即回回祖國也」的記載。不過，這個「祖國」顯然只有「故土」的意思。到了百年前的清末，負笈東瀛的秋瑾寫下「頭顱肯使閒中老，祖國寧甘劫後灰」（〈柬某君〉），此時的「祖國」意指「祖籍所在之國」。隨著現代國家的建立，「祖國」逐漸與民族主義緊密相連。

「祖國」這一概念，對許多人而言是與生俱來、理所當然，從未猶豫，也不可能改變；但對另一群人而言，卻可能是時而清晰、時而模糊，也可能因環境變遷而產生強弱變化，甚至變更了對象，而且不只可以變更，還可以增、可以減。中國是多民族的國家，近代以來又經歷了包括割讓、收復在內的多次領土變更，也出現過數次政體更替，再加上大量人口流出海外，使得包括兩岸四地在內的華人世界之國家與民族認同趨於多元化，「祖國」的意涵也因不同的族群在不同的時空而變得異常弔詭。

或許許多大陸朋友覺得，對「祖國」產生弔詭乃至奇怪的認知，恐怕僅限於臺灣與香港這兩個社會，又或者認為兩岸三地中的中國大陸不存在這樣的問題。其實並不盡然，臺港也有一些人對何處是自己的「祖國」有非常清晰的認知，不曾煩惱過；反過來說，大陸民眾也有相當一部分對「祖國」抱有似是而非的認知，以致在使用上出現充滿矛盾的弔詭現象。

其實，大陸社會對「祖國」的弔詭用法，比比皆是。

中國大陸使用「祖國」的弔詭現象

其一，「祖國」這個辭彙在大陸被異常地頻繁使用，並經常成為「中華人民共和國」的代名詞。

「祖國」本應是離鄉背井的僑民或從母體被隔離出來的社會，對母國一種富含認同情感的稱謂。住在本國的人即使存在這樣的認知，從世界範圍來看，在和平時期還常常使用「祖國」的並不多見，尤其是在民主社會裡。這是因為在本國使用「祖國」一詞時，其語境大多帶有濃厚的民族主義色彩。

除了兩岸三地，我也在日本和美國生活過，根據自身經驗，不論在日本或美國，「祖國」並不是常用語，也就是說很少聽到住在日本或美國的本國人或主流媒體使用「祖國」一詞。以日本為例，嚴格說來，即使在已是和平年代的今天，確實仍有極少數日本人喜歡使用「祖國」

代替「日本」，但他們大多是被視為異端、民族主義意識強烈的右翼人士，而在日本社會的理解，右翼人口通常不會超過人口總數五％。無論如何，二戰結束後的日本政府既不會大肆要求學校對學生灌輸愛國思想，也不會經常性使用「祖國」來代替日本，在美國的情況也很類似。

其二，大陸社會使用「祖國」的另一個弔詭用法是，不僅官方、媒體，在公家場合常常自稱「祖國」，面對港澳「同胞」及海外華僑的時候更是如此，對臺灣「同胞」也是頻繁使用。然而以臺灣為例，在現實裡，臺灣人即使與大陸進行交流，幾乎不會稱呼對方為「祖國」，形成交流過程中的尷尬場面。

其三，大陸在使用「祖國」時，常常出現自相矛盾的用法。一方面傾向將「祖國」與擁有黃河、長江、悠久歷史的中華民族連接，另一方面卻又在十一國慶時「祝祖國六十八歲生日快樂」。究竟這是一個有五千年文化歷史的「祖國」，還是只有六十八年歷史的「祖國」呢？這或許是大陸社會經常將「祖國」與中華人民共和國重疊使用所產生的弔詭現象。

政治產物——「祖國」與中華人民共和國的重疊

「祖國」與中華人民共和國，本身應是兩個不同性質的概念。儘管用法或許因人而不盡相同，然而，前者強調的主要是歷史與文化上的概念，後者則純粹是政治上的概念。由於兩者指涉不同，才會出現許多包括港澳臺以及海外華人雖然認同中華文化、認同自己是炎黃子孫，但並不一定認同這個只有六十八年歷史的「祖國」。此現象之所以出現，相當一部分是由於擁有相同的民族認同，卻也同時抱有相異的國家認同所折射的結果。其中一個主因是，現實裡的「中國」還有另一個選擇——還沒有完全消失的「中華民國」。許多海外華人不願意看到國父孫中山創立的中華民國徹底消失，因而出現境外華人之間國家認同的分裂現象，這是值得探討的另一個問題。

話說回來，「祖國」此一概念在大陸的使用頻率明顯增加是上個世紀八〇年代之後的事。在此之前是充斥社會主義意識形態的年代，沒有那麼強調國界，馬克思的「全世界無產者，聯合起來」和列寧的「工人無祖國」因此可以大行其道。然而，自從改革開放以後，由於出現社會主義信心危機，「愛國主義」遂成為取而代之的有效統治意識形態，「祖國」一詞也開始頻繁出現。毋庸置疑，這是政治上的需求，即對內配合「愛國主義教育」凝聚向心力，以強化執政的正當性、施政的順利及改革開放後的國家發展，對外則配合統戰政策，以期待包括港澳臺及海外華人對共產黨領導的新中國產生認同。「祖國」與中華人民共和國經常性的重疊使用，正是此一脈絡下出現的現象。

九七前香港的「祖國」語境

香港在「九七回歸」之前，尤其是「回歸」議題還沒浮現的八〇年代以前，那時香港人的身份認同處於一個比較鬆散的環境裡，「祖國」的概念在香港社會也顯得相對多元。

在長達一個半世紀的英國殖民地時期，儘管英國善用香港人身份的特殊性來處理與中國的關係，卻沒有在香港大行其道灌輸「你是大英子民」的國民教育。因此，那時的香港人即便上的是英文學校、拿的是「英國屬土公民護照」（BDTC，後來改為「英國（海外）護照」BNO），卻幾乎不存在「我是英國人」的意識。就「祖國」這個概念而言，港英政府並未透過教育或社會宣傳，強行推動「英國是我們的祖國」這類同化意味濃厚的政策，香港華人也幾乎不把英國視為「祖國」。

不過，要是細微觀察那時香港社會的認同結構，不難發現，事實上在部分香港人的內心裡是有「祖國」這個概念的。除了一部分人把「祖國」投射在長達五千年的中國文化意象上，香港社會其實還存在兩個「祖國」。當然，並非「理所當然」的母國（中國）與宗主國（英國），而是「兩個中國」：中華民國與中華人民共和國。究其背景，這與香港社會存在著兩種截然不同的意識形態息息相關。反共的右派傾向對中華民國效忠，親社會主義中國的左派則認同中華人民共和國。不僅僅是國民黨「殘餘」聚集的調景嶺，尤其是每逢十月，香港很多地方包括許多公共屋邨都看得到青天白日滿地紅的旗海景觀。相對而言，「五星紅旗」則較少，大多出現在左派或中資機構的門面上。然而這樣的旗海景觀，「九七」後已成歷史記憶。回歸後的香港在政治正確的時空下，「祖國」從此走向單一化，青天白日滿地紅旗除了屯門的紅樓之外，已經很難堂堂正正長期懸掛了。

九七後香港的「祖國」語境

「九七回歸」之後，香港社會的「祖國」語境大為改觀，整個趨勢是大陸對「祖國」用法的延伸，即「祖國」概念的「大陸化」。由北京掌控的香港特區政府為了讓「香港人心回歸」，從回歸初期開始，便在學校與社會上推動一系列「國民教育」，以強化香港市民對中華人民共和國的效忠。

香港特區政府推動的「國民教育」由公民教育委員會負責統籌，該委員會與青年事務委員會在二〇〇四年成立了「國民教育專責小組」，專門負責國民教育的推廣工作。該工作主要分社會教育與學校教育。社會教育的具體工作除了製作多種宣傳品，包括「認識國旗、國徽、國歌」DM、《認識祖國》手冊、《認識一國兩制》問與答小冊子與漫畫版，以及「我是中國人」親子版外，還在全港十八區大型商場及政府大樓舉行盛大的「國旗、國徽、國歌巡迴展覽」，並組織資助「青年內地考察團」等。

而更受矚目乃至非議的，則是該小組著力製作、至今已完成六套的「心繫家國」電視宣傳短片。以國歌《義勇軍進行曲》加上國旗飄揚，搭配凸顯祖國成就及回歸後香港人安家樂業、幸福美滿畫面為該短片的特點，至今仍每天在無線電視傍晚六點半的新聞節片頭及其他香港電視臺播出。此外，中央與特區政府也在每次奧運之後，安排取得優秀成績的國家級運動員訪港。此外，將國寶運往香港展覽，或即將落成的故宮博物院香港分院等，都可視為在香港社會推行「國民教育」的一環。

在學校教育方面，時任民政事務局局長何志平二〇〇五年回答議員質詢時就明確表示，「培養學生的國民身份認同已被列為學校教育的課程目標之一」。首先，在升掛國旗方面，香港教統局透過學校通函規定，所有官立學校必須在所列的元旦、回歸紀念日、國慶日、開學日、學校開放日、畢業典禮及學校其他重要節日如校慶、運動會等重要日子升掛國旗。同時，政府也鼓勵其他學校跟隨。教統局還製作了各種包括國歌、國旗、國徽在內的「愛國教材」供學校使用。

在學科方面，中學或小學的常識科、中國語文科、公民教育科及通識教育科等科目，皆已加入國民教育相關課題，內容涉及中國的地理、歷史、政治、經濟、文化習俗、中華人民共和國與香港特區的關係等。同時，教統局還積極舉辦了許多認識中國的內地考察和交流活動，包括香港學生的國情教育班課程、國情教育的內地專家學者講座、國情教育之旅、軍事夏令營等。

「中國人」意識在十年內成功扎根

二十年來浩浩蕩蕩的「國民教育」工程，加上「祖國」概念趨向單一化，使香港民眾對中華人民共和國的認知乃至國家認同，產生了明顯的變化。包括香港中文大學亞太研究所（香港市民對中國大陸發展意見調查）、學友社（中學生國民身份調查）等多項有關國民身份認同的調查結果，都不約而同顯示了香港民眾的「中國人」身份意識在二〇〇九年之前處於不斷上升的趨勢。我與香港大學民意計畫於二〇〇五年至二〇〇七年間，連續三年合作舉辦的跨國民調之香港部分，就顯示了此一特徵。（見左頁表一、表二）

當然，這種變化並不純粹是國民教育雷厲風行的結果。回歸後香港與大陸在經濟上的快速一體化、大陸的經濟成就，都是促進港人在回歸之後（尤其是前十年）「中國人」意識增強，以及對「祖國」即中華人民共和國認同感增加的主因。

至於二〇〇八年之後，香港社會的身份認同再一次出現逆轉趨勢，就又是另一個故事了。

表一：香港民眾對自己身份認同的認知

選　　項	2005 年	2006 年	2007 年
是香港人	15.5%	13.3%	21.2%
是中國人	28.1%	33%	21.7%
是香港人也是中國人	55.9%	53%	56.3%
其　他	0.4%	0.8%	0.7%

(1) 問題為：「請問您覺得您自己是香港人，是中國人，還是兩者都是？」

(2)「其他」包括不知道、難説、無反應。

資料來源：根據林泉忠博士與香港大學民意研究計畫於二〇〇五年至二〇〇七年十一月舉行的電話調查之結果。調查以十八歲以上香港居民為對象，每次分別成功蒐集逾一千份有效問卷。

表二：香港民眾對中華人民共和國的「祖國」認知

選　　項	比　　率
認　同	89%
不認同	8.3%
其　他	2.8%

(1) 問題為：「您認同中華人民共和國是您的祖國嗎？」

(2)「其他」包括不知道、難説、無反應。

資料來源：根據林泉忠博士與及香港大學民意研究計畫於二〇〇七年十一月合作舉行的電話調查之結果。調查以十八歲以上香港居民為對象，成功蒐集逾一千份有效問卷。

戰前臺灣社會的「祖國」語境

與香港相似，臺灣也經歷過包括割讓在內的主權變更與殖民地時代，因此不難想像臺灣社會的「祖國」語境也出現另一番弔詭現象。

做為一位身份認同研究的現代派學者，我大致上將具普遍性身份認同形成的時期設定在步入近代之後，對臺灣社會摸索自我國族意識或身份認同時期的理解，也不例外。「近代」在臺灣社會的語境裡，指的是「日本時代」。殖民統治者在臺灣實施的同化政策採漸進式，包括語言方面也採用雙語教學，直至中日戰爭爆發，在雷厲風行的「皇民化運動」下，包括語言在內才開始實施全面的同化政策。

就此一時期臺灣社會的認同結構，日本的臺灣研究名家若林正丈教授將臺灣的社會菁英分為三類。第一類是「祖國派」，國族認同上的坐標指向中國大陸，代表人物包括蔣渭水、王敏川、蔡惠如等；第二類是「臺灣派」，視「唐山過臺灣」的漢人已落地生根，遂以臺灣為家，並以建設一個理想的臺灣社會為目標，指標人物包括林獻堂、蔡培火、林呈祿等；第三類則是「日本派」，這些社會菁英聚集在以辜顯榮為首的「臺灣公益會」裡，強調臺灣已成為日本領土，臺灣人當以「做日本人」為認同取向，積極向日本同化。不過，此三類的界線未必涇渭分明，跨界者或持雙重認同乃至多重認同者，不在少數。

一九四五年「光復」，臺灣社會在身份認同上的建構被推倒重來。當時負責接收任務及初期治理的臺灣省行政長官公署教育處，在提交上去的《臺灣省教育復員工作報告》中開宗明義指出，新教育政策的目的是「將日本人時代的皇民化變成祖國化」。行政長官陳儀也在臺灣中學校長會議上指出：「過去日本的教育方針是以實行『皇民化』運動為宗旨，對此今後我們要施行『中國化』運動。」並強調要將「祖國化政策」落實到全臺灣。此時的「祖國」，毋庸置疑，指的是中國大陸及已在那裡建立的中華民國。

戰後臺灣的「祖國化」運動與「中國人」認同的建構

戰後初期臺灣的「祖國化文化運動」有兩大形態，並對臺灣社會的國族認同重構產生了深遠影響。

其一，在臺灣社會確立「中國國家權力文化」，也就是樹立反映新的國家與政權正當性的象徵性符號。內容包括升掛「青天白日滿地紅國旗」、齊唱國歌「三民主義」、變更或恢復中國國籍、全面恢復使用中國名，更改包括如今臺灣各地仍處處可見的「忠孝」、「中山」、「中正」、「南京」、「民族」、「民權」、「民生」等街道和地名。

其二，「國語意識形態」的確立。赴臺前的陳儀在抗戰剛結束的一九四五年九月二日發表了針對臺灣語言教育的言論，開門見山說：「我赴臺後將著手國語教育，讓臺灣同胞了解祖國的文化。」對國語教育的高度重視也反映在後來官方對方言的限制上，因而出現「獨尊國語、壓制方言」的現象。隨著意識形態化國語政策的強制推行，國語在臺灣的普及在短期內已達相當水準。不僅明顯高於抗戰結束前大陸普及國語的成效，也遠遠高於一九四九年後同時期大陸推行普通話的成果。事實上，一九七〇年代以後，即使是相同方言的臺灣家庭，在家裡等私人場合自然使用國語的現象早已見慣不怪，這在同一時期的大陸很少見。

「祖國化文化運動」到了一九六〇年代，因應中共在大陸推動「文化大革命」，遂由另一波強調中國認同的「中華文化復興運動」所承接。誠然，無論是「祖國化文化運動」或「中華文化復興運動」，兩蔣時期設定的「祖國」坐標皆清晰指向包括中國大陸在內的中華民國。透過這兩個文化運動，配合長期「中國化」教育的成果，「中國人」意識成功在臺灣社會扎根，並延續至一九九〇年代。根據臺灣行政院大陸委員會於一九九三年一月在臺灣舉辦的民調，結果顯示四八・五%的受訪者認同自己是「中國人」、三二・七%回答「是臺灣人也是中國人」，兩者相加，存有「中國人」意識的臺灣民眾高達八成。之後，臺灣社會出現「本土化」浪潮，居於主流的「中國人」意識隨之迅速萎縮，並在九〇年代末被「臺灣人」意識取代，同時延續至今。

值得一提的是，曾經長期以「自由中國」自居的臺灣，在九〇年代以前還是包括許多「香港僑胞」在內千千萬萬海外華僑的「祖國」。但是當曾為華僑歸屬之地的臺灣，隨著「本土化」的一步步推演，也困惑了眾多海外華僑效忠多年的國家認同。部分華僑因此展開重新思索「祖國」的漫長歷程。

當今臺灣社會的「祖國」認知

一九九〇年代後的臺灣社會，在「民主化」與「本土化」交叉進行的大時代變革中，對「祖國」的認知發生了巨大變化。今日臺灣人心中，大致上存在著兩個「祖國」。一個仍然是「中華民國」，只是這個「中華民國」還分成兩種意涵相異的理解，即包含大陸或不包含大陸，太陽花世代對「中華民國」的認知多傾向後者，在此意義上，「中華民國」純粹只是國號。當今臺灣社會主流，則是將與大陸做出政治切割的「臺灣」本身，視為自己的「祖國」。

根據我參與的中央研究院社會學研究所於二〇一三年九月進行的「臺灣社會變遷基本調查第六期第四次調查：國家認同組」之調查結果，當問到「如果有人問您的祖國是哪裡，請問您會怎麼回答？」時，如表三所示，超過四分之三的臺灣受訪者將臺灣定位為自己的「祖國」，其次是不足兩成的「中華民國」，較為模糊而各自定義不一的「中國」不到三%，而視「中華人民共和國」為祖國的臺灣民眾，只〇．一%，比臺灣大陸籍配偶所占臺灣人口的比例還少。

表三：「中國崛起飛躍期」臺灣民眾的「祖國」觀（%）

選　　項	比　　率
臺灣	76.7%
中華民國	18.1%
中國	2.9%
中華人民共和國	0.1%
其他	2.5%
不了解題意	1.4%
不知道	1.1%
拒答	6%

問題為：如果有人問您的祖國是哪裡，請問您會怎麼回答？

資料來源：根據中央研究院社會學研究所二〇一三年九月進行的「臺灣社會變遷基本調查第六期第四次調查：國家認同組」。該調查之受訪對象為十八歲及以上之臺灣民眾，成功獲取的樣本數為一千九百五十二人。

從「中心—邊陲」這一視角來看，如果說香港「祖國觀」的變遷是「中心」對「邊陲」的結構性國家壓力下的無奈選擇，那麼臺灣的自我「祖國化」，或許可以理解成一種自主的「去邊陲化現象」。

附錄

中港臺的身份認同與普世關懷

文　　責：林泉忠、高文斌

採　　訪：高文斌（耶魯大學研究生、《愛思想》讀書專欄撰稿人）

採訪時間：二〇一五年七月二十九日

地　　點：北京，龍珠堂四合院

本篇採訪共分十一組問題，從不同側面勾勒出微妙的兩岸三地關係、身份認同與普世關懷等主題。林泉忠教授針對這些問題做了精要且全面的觀察，讀者將從中領略到林教授的思想脈絡。初稿原刊登於香港《端傳媒》，收入本書時經過大幅度重整。

我對不同的身份欣然接受

端傳媒（以下簡稱端）：林老師您好，非常高興今天能夠採訪您。我們就從您的人生經歷和學術研究的關係談起吧。您家在香港，出生於華僑家庭，在中國大陸讀小學，在香港讀中學，後來長期在日本升學與教學，也在美國從事研究好幾年，現在任職於臺灣中央研究院，並執教鞭於國立臺灣大學。這種獨特而廣泛的人生經歷對您的治學路數有何影響？跟您從事認同研究有什麼關係？而在這個過程裡，您有沒有對自己的認同產生困惑？

林泉忠（以下簡稱林）：我想我很幸運，做為一個華人學者，能夠在兩岸三地及其他國家長期生活，同時一直與學校打交道，學習、教書、從事學術活動，這些經歷我想不是很多人有，尤其是在學術界、教育界，能夠先後在兩岸三地定居並長期生活過的人本身就非常少，這樣的經歷對我個人來說，是千金難買的寶貴財富。

我要強調的是，這種經歷讓我對中國、對中國文化的理解、對兩岸三地關係的理解、對未來華人世界走向的理解幫助很大。有人說我的研究比較獨樹一幟，雖然有所誇大，我個人還是很欣慰我的研究視角得到肯定。兩岸三地有很多共同的地方，也有很多不同的地方，有些人強調共同的地方多一點，有些人強調不同的地方多一點。有時候相安無事，有時候會發生很多摩擦甚至衝突。人在面對與思考這些問題時，通常會從自己所處的社會角度出發，對我而言或許未必如此，我可能會多加考慮各方面的因素，很多朋友也都說我寫的文章有這種特色。總而言之，毋庸置疑，不論是對我看問題，還是對開闊我的研究視角和途徑，過去的經歷都有很大的助益。

至於我個人的身份經歷與從事認同研究的關係這部分，我不否認後來走上認同研究這個方向，與早年的自身經歷之間存在某種程度的關係。我剛剛開始做認同研究的時候，的確是源自於一個基本問題，這也是許多認同研究者都會遇到的一個最基本的問題：我是誰？我是哪裡人？以我的個人經驗來看，當我小時候以僑眷身份隨家人定居香港，開始頭一次的移居生活時，的確經歷過一段適應期，當時也存在一些煩惱。譬如我一開始不會講廣東話，會遇到被周邊排擠的情況，我想這對於有移民生活經驗的人來說應該是很普遍的現象，後來我知道這樣的現象涉及族群隔閡與族群融合的問題。我的確是抱著「我是哪裡人」的問題，闖進了認同研究的領域。不過，我後來並沒有繼續花太多時間去追尋自己的認同，因為當我開始接觸族群、民族主義、國民整合的研究，知道認同是怎麼一回事之後，身份對我而言已經不是問題了。

我在香港生活了十一年後，再次踏上了另一個人生旅途——一個人去了日本讀書，雖然我依然關心香港如何從英屬殖民地過渡到中華人民共和國的特別行政區，但我十年沒去碰香港研究，當時我想或許先多多接觸不同的世界後，回來再看自己的問題會清楚一點，這對我思考中國問題或兩岸三地關係，情況是一樣的。讀大學時我開始研究臺灣，大學的畢業論文寫的是〈臺灣獨立運動的起因〉，到了碩士論文，研究的對象仍然是臺灣，主題是蔣經國的本土化政策，直到博士階段，我才把它擴大，將沖繩（琉球）以及香港納進來，創造了新的東亞研究概念——「邊陲東亞」，探討的是該區域傳統的「中心－邊陲」關係在近現代的變遷，其實涉及的主要問題仍然是族群與認同。從大學開始研究臺灣，到現在在臺灣從事學術研究，我想這中間是有連接的，現在想起來是順理成章的事。如今偶爾還會有朋友關心我的認同取向，關心我到底怎麼看自己。其實我對不同的身份欣然接受，不會過分強調、解釋我是什麼人。如果你說我是中國人，我不會拒絕，如果你說我是香港人、或者臺灣人，我都沒有問題。此外，我在日本、沖繩（琉球）住了二十年，那也是我的故鄉之一。我還在美國波士頓先後住了兩次，也在那裡辦了婚禮，當然也有感情。我覺得身份認同沒有對錯，尊重一個人，應該包括尊重他的自我認同取向。

我研究香港和臺灣這兩個社會的認同變遷超過二十年，明白為什麼「中國人」這個概念在港臺兩地社會存在爭議，也了解許多大陸民眾對這個現象的反應比較強烈。

如果從中國大陸的視角來看，不少人會傾向追問香港和臺灣民眾：「你為什麼不承認自己是中國人？」可是這個角度並沒有好好考慮香港和臺灣各自的歷史、社會和文化變遷所帶來的影響，也沒有思考其中的中國因素。很有可能是大陸獨特的政治社會制度或中國大陸政府的對臺政策、對港政策，沒有充分考慮港臺社會的需求，造成了一些臺灣人和香港人不願意將自己定位為「中國人」，可是我看到許多大陸朋友從來不去思考這個問題，總是認為「是你的問題」，這是一種自我中心主義的思考方式，無助於解決問題，當然也不利於拉攏彼此之間的距離。

再說，一個人的認同並不能決定他的人格和品德，這完全是兩碼事。高唱「我是中國人」的品格未必高，反過來說，一些被部分大陸民眾貼上「臺獨」、「港獨」標籤的人，也許為人處事很得體、寬厚、懂得關心別人。譬如說臺灣，我的調查顯示有六成多的臺灣人認為，「如果可以選擇，臺灣應該獨立」，難道這六成多的人全部品德都有問題？對別人的認同，我們要以寬容的胸懷去理解、接受。

港臺地區的認同問題，既有港臺社會本身的因素，也牽扯到這些地區與大陸的關係，非常複雜，是經過漫長歲月而逐漸形成，並經歷了變遷、沉澱的過程，絕不僅僅是個人如何選擇那麼簡單。還有，認同並非一成不變，同樣一個人，在不同的人生階段可能會發生不同程度的變化。簡言之，一個人對某種身份的認同感有時強，有時弱，其實是非常自然的現象。做為一位研究者，在學術上認同不存在對錯的問題，我關心的是做為一種社會現象，在它的形成與強化的過程中，究竟是什麼因素影響了它？各個發展階段有何不同？其特徵如何？

中國常被詬病政策缺乏一貫性

端：在〈戰爭紀念政治學——抗戰勝利七十周年與中日臺角力〉一文中，您對中國大陸高調舉行的抗戰勝利七十周年大閱兵有一定的焦慮，認為這種非常規安排可能蘊藏著某些政治算計。可是從另一方面看，這是否也可以理解為民間民族主義情結的自然釋放？若從這個角度看，政府的行為是不是順應民意的善政？此次閱兵和之前的南京大屠殺國家公祭，能不能算是一種「遲來的正義」？

林：我這篇文章是從中國大陸、日本、臺灣三方的角度來寫的。我想三方對於這個議題有不同的理解是很自然的。所以我說各方都有一些政治思考，但不至理解為「算計」。

我以為，如果「民族主義情結的自然釋放」這個說法成立，也僅限於大陸。臺灣也有一些紀念抗戰勝利七十周年的活動，今年的規模也算是歷年來最大了，當然主因之一，是受到大陸聲勢浩大、高調舉辦大閱兵等活動的刺激。馬英九政府對抗戰這段歷史的立場是這樣的：抗戰勝利是中華民國國民政府在蔣中正委員長的領導下，率領全國軍民浴血奮戰八年取得的成果。就臺灣或者中華民國的立場而言，共產黨也參與了一些抗戰活動，但絕對不是主力，試問二十二場大會戰有可能是中共游擊隊主導的嗎？臺灣今年之所以同樣非常重視抗戰勝利七十周年，辦了很多活動，就是不滿中共欲搶走抗戰勝利的果實。馬英九政府有危機感，他強調舉辦這些紀念活動的目的是，告訴世人應該尊重歷史：抗日戰爭是國民政府主導的，正規國軍犧牲也最大。

但是臺灣人民熱不熱衷這個紀念活動呢？這是另一個問題。客觀來說，並不熱衷。抗戰這段歷史在臺灣社會有不同的解讀，因為臺灣社會並沒有經歷過這段歷史。很多沒有思考歷史因素的朋友會想當然地認為，兩岸三地都是中國人，都在八年抗戰，像這類民族主義桎梏下脫離現實的想法，並不罕見。當時的臺灣早已是日本的殖民地，沒有大陸八年「浴血抗戰」的經歷。反過來，在一九三七年之後，特別是一九四一年以後，很多臺灣青年被徵調去南洋，做為

「臺籍日本兵」在戰場上廝殺。

國民黨政府之所以重視抗戰的歷史，自然是基於傳承中華民國歷史的思維，不過做為臺灣人口主流部分的本省人及他們的後代，感覺並沒有那麼強烈。當然並非完全無感，國民黨統治臺灣那麼多年，透過教育、透過教科書，反覆講述抗戰歷史，一般臺灣人自然具備一定的了解。整體而言，臺灣年輕人對中國歷史的了解不見得比大陸年輕人來得少。但是對抗戰史的熱忱，情況就比較複雜，臺灣社會的理解與大陸並不相同，香港也不一樣。

你說的「順應民意」我有保留。首先，今年抗戰勝利大閱兵是歷史上第一次。為什麼今年才辦？為什麼十周年、二十周年、三十周年……都不辦？客觀而言，七十年過去了，現在離那一場戰爭愈來愈遠，為什麼半世紀的五十周年、一甲子的六十周年都不搞，到了七十周年非要大搞一場不可？如果說傳承歷史很重要，為什麼鴉片戰爭、甲午戰爭就不大搞？今年也是《馬關條約》簽署兩甲子，對兩岸社會近現代的命運變遷，其意義與影響並不亞於抗日戰爭，為什麼不大肆紀念？

端：對啊，這是不是「遲來的正義」的問題？

林：如果說是「遲來的正義」，那就得解釋為什麼「遲來」，要把原因說清楚，否則沒有說服力，可是卻沒有任何解釋。如果不解釋，就容易被解讀為有特殊的政治含義，是為現今的執政當局凝聚國內向心力，為現在的習近平體制護航。如果是民間社會的「情緒釋放」，為什麼五十周年和六十周年的時候都不釋放？

第二，九月三日是抗日戰爭勝利紀念日，這是去年才制定的，之前沒有這種做法。中國政治有個一直被國際社會批評的問題，就是政策缺乏一貫性。你看俄羅斯舉辦衛國戰爭勝利閱兵，每年都辦，大家見慣不怪。中國卻是突然大搞，究竟意義在哪裡，目的又是什麼？有必要對國民和國際社會解釋，可惜這部分沒做好，使得國際輿論普遍以負面視之。

毋須贅言，尊重歷史是應該的。抗戰這一段歷史對中華民族當然很重要，上千萬中國人顛沛流離、生靈塗炭。這段歷史當然不能不知道，透過教育讓後代理解也是理所當然。不過，今年這一場大規模閱兵與銘記歷史此一課題應該如何連接？是個需要釐清的問題。

端：還是「遲來的正義」的問題。如果說之前沒做是不對的，中國從今年開始，把閱兵這件事好好做起來，變成一個制度，這樣可以嗎？

林：那目的是什麼呢？

端：記住歷史。

林：銘記歷史並不一定需要大規模閱兵。中國已經有很多方式在做了，大部分參與二戰的國家也沒有舉辦閱兵，可以用其他形式來紀念。閱兵的直接意義是展示軍力，中國紀念戰爭為什麼要展示軍力呢？紀念戰爭是為了呼籲和平，為什麼要用軍力來呼籲和平？閱兵的做法帶有威懾性的含義：中國強大了。但這與呼籲和平是兩個不同的議題，混為一談容易失焦。

保衛國土，維持一定程度的自衛能力，在主權國家的年代無可厚非。但是大閱兵的做法在歐美民主國家極為罕見。紀念諾曼地登陸時也有一些展示，帶有還原當年場景的象徵意義，但是規模都很小。

較早前，臺灣也有議論要不要閱兵，我就提出這不是國際慣例，戰勝國除了俄羅斯都沒有類似的做法，所以臺灣沒有必要大肆舉辦閱兵。紀念戰爭、呼籲和平有很多方式：教育、展覽、拍紀錄片、出版抗戰系列叢書……閱兵當然是一種方式，可是這種方式真的能做到反思戰爭、呼籲和平的效果嗎？我有保留。

中國仍是如假包換的「反日大本營」

端：在這篇文章的結尾您寫到：「圍繞在抗戰勝利七十周年的紀念活動上，中日臺三方耐人尋味的角力，提供了近年來難得一見的『戰爭紀念政治學』新視角。其中難以否認的是，各場角力都摻雜了各方相異的政治目的。然而，現今為政者過多的政治盤算，不僅容易使撫慰戰爭亡魂、呼籲珍惜和平等紀念戰爭的原始意義失焦，恐怕也無助於警示人們，戰爭非人類正義之所為也，應避免重蹈覆轍。」

也就是說，您認為對戰爭的紀念與反思應該是人本的，而不是政治的或意識形態的。這讓我想到龍應台在《大江大海一九四九》中反覆強調的「關注個體，尊重生命」這一命題。一切戰爭皆為不義，既沒有「正義的戰爭」，也沒有真正的贏家。從這個角度出發，您認為今年中國大陸和臺灣的一系列紀念與慶祝有哪些缺憾，又該如何改進？

林：研究歷史、傳承歷史是理所當然的，可是也不能只從大陸的角度來看歷史。剛才說了臺灣的情況，那香港又如何呢？香港因為已經回歸中國的關係，特區政府今年也剛剛決定要跟隨大陸，設定九月三日為「抗日戰爭紀念日」。其實這在香港引起了一些議論。九月三日和當時的香港社會沒有什麼直接關係。二戰結束後，香港有了「重光紀念日」，那是在八月，是日本在香港的投降日，當年的這一天正式結束了日本對香港三年零八個月的占領。「重光紀念日」是香港一直使用的，現在跟著大陸改到九月三號，是不是非這樣做不可？雖然在這個問題上我有所保留，但並非極力反對。我想說的是，大陸朋友也可以從臺灣和香港的視角看看這段歷史，了解在同一個時期，三個社會不同的歷史經驗及其後所形成的、並不一致的集體記憶。

此外，還有一點。紀念戰爭是為了記住仇恨還是呼籲和平？這也涉及到戰後七十年來兩岸三地不同的對日觀，對這個問題的討論，在大陸很少聽到。事實上，尤其在港臺地區，戰後的對日觀與過去那場戰爭的經歷並不完全掛鈎。舉個例子，香港經歷過「三年零八個月」的日本占領時期，這段日子在香港老人家的記憶裡是黑暗的、是苦日子。

另一方面，「三年零八個月」這個概念即使現在的年輕人也知道是什麼意思，但並不影響香港社會對戰後走向和平道路的日本的重新理解和接受。可是同一個問題在大陸社會，情況可能就大不相同，目前中國大陸仍是如假包換的「反日大本營」，雖然在八〇年代並非如此，那時中日有過一段蜜月期，但這問題很複雜，以後有機會再探討。總而言之，我個人認為歷史與現在不應輕率地混為一談，銘記歷史，不等於要把戰爭的記憶連帶著仇恨，一起帶到戰後來。

端：您提到馬英九政府為了與大陸爭奪抗戰歷史的話語權，同樣高調推出了一系列紀念活動。然而，在臺灣社會主流民意與大陸日益疏離的背景下，馬英九的「大中國」情結是否會引起臺灣民眾的反感，因而顯得不合時宜、不倫不類？國民黨對一九四九年之前中國歷史的論述，是否會對其產生長期的消極影響，進而影響兩岸關係？

林：這是個比較微妙的問題。由於長期歷史教育的影響，抗戰的話題對一般臺灣人來說並不陌生，以前也有很多著名的抗日電影，如《英烈千秋》、《梅花》、《八百壯士》與《筧橋英烈傳》等。不過，抗戰畢竟不是當時大部分臺灣人經歷過的，而且時隔七十年，如今臺灣政府大肆紀念抗戰，有些臺灣人就有微詞，質疑為什麼要花那麼多納稅人的錢做這些紀念活動？臺灣國防部也有軍力展示等，這些都要花錢的。

雖然社會有不同的聲音，不過我覺得這種現象很正常。即使是現在，國民黨對一九四九年之前的歷史論述，在臺灣並沒有激起太大的反彈。但是如果要呈現在教科書裡，涉及到史觀的強制性問題，技術上就需要小心謹慎。臺灣最近引發爭議的「課綱」問題，雖然焦點並非抗戰史這部分內容，而是中國史與臺灣史的篇幅問題，涉及如何客觀定位日本殖民統治臺灣時期，究竟是「日治」還是「日據」？除此之外，有人質疑是否刪減了一些對國民黨不利的歷史，包括一九五〇年代的「白色恐怖」等。我以為凡事適可而止，在民主社會要體認主流社會的價值取向，執政者不能我行我素。

香港回歸後國民整合的兩大問題

端：您在多篇論文與文章中都強調了一個觀點：北京的「一國兩制」產生了一個意想不到的後果，也就是「國民分化的制度化」，透過把香港人與大陸人區隔開來，強化了香港當地以港人為主體的「準民族主義」之萌芽和發展，從而對中國政府的「國民整合」工作構成嚴峻挑戰。從制度設計的層面，您覺得「一國兩制」可以如何改進？

林：「一國兩制」是當年鄧小平提出的概念，是一個創舉。這個構想在當時相當有建設性，有其合理、務實的一面。但這畢竟是一個前所未有的實驗，自然而然會發生很多意想不到的問題。當時沒有就「國民整合」這個議題做充分的思考可說是一大缺失。

如果從國民整合的視角來看回歸後香港與大陸的關係，其實存在兩大問題。其一，就是「一國兩制」其實是把「國民分化制度化」。根據國民整合的先驅研究，國民整合尋求的是統一的國家認同，而想形成統一的國家認同，需要統一的市場、貨幣、法律、教育制度等。但是，回歸後的香港實施的是與大陸截然不同的政治制度、經濟制度、法律體系和教育制度，在此環境下，兩地不可能形成同樣的國家認同。

其二，在不同的制度下，如何朝制度整合的方向努力。「一國兩制」說的是「五十年不變」，當時的一個基本思路是，經過五十年的磨合，到時大陸與香港自然融為一體。重點是如何融合？大陸與香港如何拉近距離？是互相走近呢，還是A朝B走，或者B朝A走？根據當時大家的理解，只要大陸的「改革開放」繼續、社會不斷進步，政治也會逐步朝著民主化的方向發展。事實上在一九八〇年代，很多中國知識分子認為大陸將走向民主的道路，即便發生了六四事件，鄧小平也說過中國人民要一人一票選出自己的領導人，還要五十年，意味著中國遲早會實現政治民主化，這樣自然會與根據《基本法》而實施普選的香港拉近距離。但是，如今三十年過去了，有看到這樣的趨勢嗎？

無可否認，過去三十年，大陸整體國力愈發強大，部分地區人民的生活水準甚至高過或接近臺灣、香港，但是在政治體制改革方面停滯不前；諾貝爾和平獎得主劉曉波的遭遇為國際社會所詬病；維權律師一個個被抓起來；回歸後香港大部分新聞媒體的網頁在大陸仍然打不開，我是香港《明報》的專欄作家，但是我到了大陸，就看不到我的文章了。無數的中國知識菁英都不約而同地認為，現在中國社會在言論與思想的開放程度，甚至還不如八〇年代。

香港回歸近二十年，大陸與香港兩地的國民整合仍遙遙無期。最近看到的趨勢是，拒絕政治體制改革以發展民主政治的北京當局，也不輕易讓香港實施民主普選，甚至傾向將中國政治的那一套延伸到香港來。但是，這樣一來，既無法促進兩地社會的自然融合，甚至引發香港社會的激烈反彈。

維護國家安全與香港民主普選並不矛盾

撇開國民整合的議題，光從如何維持香港的安定及與大陸的和諧關係來看，目前的狀況也令人擔憂。

經過「普選」失敗後，香港民眾普遍覺得今後的香港政治會愈來愈「大陸化」。如果朝這種趨勢走顯然並不明智，應該回歸到鄧小平當年那種比較開明的思路，在香港社會尊重中國對香港主權的原則下，維持香港是香港，大陸是大陸，就像江澤民說過的「井水不犯河水」。「一國兩制」必須根據《香港基本法》嚴格執行，中國中央政府管轄的部分也應該根據《基本法》所規範的，限定在國防與外交的範疇，不應該干預香港的內政，現在連如何選舉特首及立法會議員都要根據北京當局指示的框架執行，而且在普選議題上加上《基本法》沒有且定義不清的「愛國」、「國家安全」等條件。如此一來，很多香港人尤其是年輕人感到失望，整個香港社會的危機感也愈來愈深，最後在二〇一四年的「普選問題」中爆發出來。

端：如果大陸不壓得這麼緊的話，香港有沒有可能成為大陸的民主孵化器或試驗田？

林：應該這樣講，如果我們相信大陸會朝民主方向發展的話，香港是一塊很不錯的試驗田。香港在法治、教育、經濟基礎、公民社會的發展等各方面都比大陸成熟，早已達到許多先進國家的水準，如今香港市民根據《基本法》的規定，追求民主普選，大陸應該理解、鼓勵。就像「一國兩制」，沒有嘗試，如何知道成不成功？

從二〇一四年之後的發展來看，在普選議題上，我們看到北京當局的立場非常鮮明，就是必須從「國家安全」的角度來規範普選。我要強調的是，如果過度強調「國家安全」，香港就永遠不可能實現真正的民主普選，這是違反《基本法》的，也不符合當年制定「一國兩制」的初衷。從今天北京當局的權力思維來看，強調「國家安全」意味著北京政府要掌握絕對權力，亦即香港特首的選舉必須由中共中央絕對控制。二〇一四年最大的爭議就在於，北京當局設定的框架使得只有中南海屬意的人才有可能成為候選人，此舉造成香港社會的激烈反彈，民主派及其支持者認為這是「假普選」。

根據《香港基本法》落實香港特首與立法會議員的全面普選，其實並不影響國家安全，不會造成中國中央政府與香港關係的動盪。其實，擔心香港社會選出一個與中國中央政府對著幹的推測，並沒有任何根據。以臺灣為例，臺灣實施民主制度，不僅總統民選，各個縣市首長也是民選，總統和縣市長分屬不同政黨非常正常。二〇一四年的臺灣是國民黨執政，可是地方的縣市長沒有幾位是國民黨籍。我們看看高雄市、臺南市的例子，人民選出了民進黨的市長。高雄市長陳菊，民進黨的；臺南市長賴清德，也是民進黨的。我們有看到高雄和臺南這些綠營執政的縣市整天和馬英九政府過不去嗎？有把高雄和臺南搞得動盪不安、民不聊生嗎？沒有。那為什麼不放心讓香港人選舉自己理想的政治人物管治香港呢？為什麼要逆香港社會的主流民意，強行要求必須按照北京當局定下的選舉框架去做呢？而且別忘了，香港特首得經由北京的中國中央政府任命，這在民主社會包括臺灣在內並不存在，也就是說香港的普選，北京當局最後還是可以把關，這已經夠了，為什麼非要從頭到尾全面掌控香港特首的「普選」？這明顯違背了民主選舉的基本原則，我希望北京中央政府能重新思考，盡快讓普選議題軟著陸，讓已經撕裂的社會盡快恢復和諧。倘若現在的困局延續下去，香港主流社會不服，社會存在長期動盪不安的誘因，年輕人也因此看不到希望，不少已紛紛準備離開香港。

回到國民整合的問題。二〇一四年香港出了那麼大的問題，當時大陸全面封殺來自香港的消息，只允許轉載官方新華社的觀點，可是香港發生的事連日來早已成為國際新聞頭條，在世界各地被廣泛報導，使得外國人對香港這件事的了解比大陸一般民眾還多，現在也還是這種狀態。為什麼非要這樣做不可呢？回歸之後，香港名副其實已是中國的一部分，為什麼還要限制大陸人民了解香港、理解香港人的想法？既然如此限制，怎能要求香港和大陸同心同德，要求同樣的國家認同？這種做法完全無助於大陸與香港兩地的國民整合。

端：不僅僅是香港，臺灣和沖繩也都經歷了因為主權更替而產生的認同危機，而這三個地區共同構成了您所說的「邊陲東亞」特徵。其實，認同困惑的產生，很大程度來自於「強中心，弱邊陲」的格局。中央集權的「中心」政權粗糙地對待邊陲地區居民的政治與情感訴求，而「邊陲」地區卻無力平等回應，此景況必然無益於產生國家凝聚力。那麼從這個角度，您是否認為，強調地方分權的聯邦制是一條可能的出路？北京大學張千帆教授在《辛亥革命與中國憲政》裡明確提出一個理想的政府有四大元素：自由、民主、法治、聯邦。請問您是否認可這種將聯邦制視為理想政府「標準配備」的提法？

林：我基本上是贊同的。當然，聯邦制也有好幾種模式，比如英聯邦，比如美國，比如前蘇聯的加盟共和國。地方自治是合理的，不至於地方有權力，就會造成地方和中央的長期緊張或國家動盪不安。人家有那麼多經驗，為什麼我們不能參考一下？中國共產黨當年也提過「聯省自治」和實行聯邦制，為什麼建立政權後，這些提法就一一消失了呢？現在是連提都不能提，究竟是時代的進步，還是時代的退步？聯邦制適合中國這樣的多民族國家，包括邦聯制在內，某種程度上也適合用來思考未來兩岸三地的整合問題，我個人認為符合了未來整個華人世界國家／超國家體系的應有走向。

中國想像與「文化中國」

端：您多次提到近代以前的「中華世界體系」崩潰後，中國在東亞的龍頭老大地位被日本奪走。可是現今在海外華人中流行「文化中國」的概念，學界也認為直到今天，東亞仍然存在著一個「中國文化圈」。可見「中華世界體系」的消散，並沒有完全顛覆華夏文明在東亞的主導地位。與政治、軍事甚至經濟相比，文化畢竟是一個更加柔性的概念。請問您認為，提倡「文化中國」和「中國文化圈」是否有助於整合東亞的區域資源？抑或可能適得其反，導致周邊國家和民族進一步疏遠中國？

林：「文化中國」和「中國文化圈」都屬於文化範疇，不應該做過多的政治解讀。這是自然而然形成的東西，也不需要用政治力量去過度推動。

端：也就是說，您不認為這個提法可以成為政策工具？

林：我覺得應該順其自然。「文化中國」此概念是杜維明老師比較強調的，這個概念當然也有爭議。杜老師的基本意涵是說，你不一定非要是中國人，哪怕你是老外也可以認同中國文化，也可以是「文化中國人」。「文化中國」是開放的，沒有政治元素的介入。如果是這種鬆散的、自然的、有個性的東西，我樂見其成。可是如果這樣的文化概念朝政治概念的方向建構，而且由中國人主導，會引起很多爭議。

端：您在〈「祖國」的弔詭——「現代衝擊」下沖繩身份的「脫中入日」現象〉裡，強調自己是一個「泛現代」派的學者，認為現代以前不存在民族主義。但您又同時指出：「即使是前現代社會，在一小部分有機會參與朝政並與『異邦』或『異族』有接觸的政治和社會文化菁英之間，存在一定程度的民族乃至國家意識是有可能的。」

能不能請您就「前現代的國家意識」和「現代意義下的民族主義」，進一步說明兩者的區別？您認為這兩者之間是否存在某種意義上的繼承關係？而就中國而言，可能大多數中國人都會認為自己的民族主義情感源自中國的悠久歷史和燦爛文化。從衞青、霍去病直到岳飛、史可法，都被很多人視為偉大的民族主義者。請問面對這種普遍的泛歷史主義觀點，您會如何從泛現代的角度回應？

林：前近代會有一些民族意識和國家意識的蛛絲馬跡，可是民族主義是法國大革命之後出現的，此後才逐漸普遍存在「我是這個國家的人」這樣的觀念，以前並沒有如此具普遍意義的歸屬意識。試問，兩百年前的普通中國農夫會說自己「是中國人」嗎？不會。可是現在的中國人會想像，中國有五千年歷史，理所當然幾千年來都清楚自己是中國人。這種說法不符合真實的歷史，別說兩百年前了，辛亥革命之前，基本上並不普遍存在「我們都是中國人」這個概念。其實，不僅僅中國，近代以前所有國家大致上都是這樣。

為什麼會產生變化呢？

首先是因為在帝制年代，國家是屬於皇帝或國王的。別人都是為他們服務，不是為「國家」服務。那時也不存在「平等」的概念，不平等在以前的年代是自然的。讀書人懂得朝代之別，但那不是現在大家理解的「國家」，梁啟超和胡適都說過，以前是不存在國家觀念的。

第二，在近代以前，一般老百姓大多從事農業，農民的活動範圍比較小，主要都在自己的村莊生活，充其量去過鄰近村莊。一般人不會有從湖南跑到陝西的生活經歷。現代交通發達後，交流多了，才出現這樣的經驗。以前的年代，一方面是農民很難走出去，另一方面是山高皇帝遠，朝廷的指令往往無法傳達到社會末端。

話說回來，以前也不是所有人都這樣，官員等特殊階層就比較可能出現例外。比如說胡適的父親胡傳，他居然可以跑遍全國，儘管他的年代已到了清末、接近近代。以前大部分農民都是當地生、當地死，一個農民會知道村北有個李大媽，村南有個陳大叔。如果他比較活躍，也不過是去了鄰村或進過城，充其量會說我是這個縣的，他是那個縣的，大抵上只停留在這層觀念，沒有「我是中國人」的現代概念。

那麼，到了現代國家的年代，為什麼就不一樣呢？首先，我們的忠誠對象不是對某一個皇帝了，而是對一個國家，大家都是這個國家的一員。那大家為什麼會知道這件事情呢？透過教育。現代的國民教育就像今日，在廣東和在黑龍江接受的教育是一樣的。所以現代的南方人就會想像：原來黑龍江人也和我們一樣都是中國人。以前的人可能連黑龍江都沒聽過。就像我的外祖母，我很尊敬她，可是她沒機會讀書，我如果問她黑龍江在哪裡，她可能根本就不曉得。

國家意識是現代國家透過現代元素構建起來的，譬如「國家符號」，就包括了國家領導人、政府架構、政治體制、國旗和國歌、憲法等。在這次之後還要有共通的貨幣、同樣的法律，還要有流通的共同市場，成為一個經濟共同體。比如說蒙牛的牛奶是北方的產品，但是在西雙版納也買得到，這樣大家才會切身感受到我們是同一個國家的人。當然，蒙牛也可以賣到國外去，那就可能形成一種超越國家意識的元素，就像麥當勞、肯德基、可口可樂、7-11便利商店等。不過那是另外一個議題，我們今天只聊民族主義。

我想再談一談「中華世界體系」的問題。「中華世界體系」的整個架構是不平等的，「中心」和「邊陲」不存在平等關係。從現在的角度看這個體系有不合理之處，但也有一些東西值得現代人參考。譬如這個體系裡面大致是和平的，琉球是中國的屬國之一，長達五百年的歷史長河裡，雙方關係非常良好，中國從來沒有向琉球派出一兵一卒，琉球也未曾埋怨，大家相安無事。中國當時是可以出兵征服琉球的，大可把琉球納入中國的版圖，但是中國並沒有這樣做。「中華世界體系」下對國界和權力的思維與現在大不相同，和平主義是該體系的精髓之一，值得進一步探討和借鑑。

成熟的民主國家不強化「愛國主義」

端：剛才這個問題還有後半部分。現在很多人非常注意從歷史資源中攫取民族主義的元素。從漢朝打匈奴，一直到岳飛、史可法，他們認為這構成了一個民族主義的歷史脈絡，是今天民族主義思考的歷史基點。您認為這是不是對歷史的誤解？您會如何從泛現代主義的角度回應？

林：民族主義很大程度靠的是想像與建構。這是人為的過程，不是純自然的。你剛才講的這些民族英雄其實也是建構出來的。我們有必要強調這一點嗎？我們經常講中華民族從三皇五帝開始一直延續到今天，這個敘事要把一個個關鍵的符號連接起來，才會形成貫通的脈絡。這當然是一種建構，不過這種建構可以理解，也不只有中國這樣做。

從法國大革命到今天，人類對於民族情感與愛國主義的發展與理解已經有了很豐富的經驗，一個成熟的社會不僅明白它的意義，更了解它的弊端。其實，我不贊同在像現今這樣的和平年代裡，國家繼續大張旗鼓地推動愛國主義教育，由上而下地強化民眾的民族認同，因為在此過程中，愛國主義很容易被政治權力操弄、被為政者利用。這在很多成熟的民主國家是很忌諱的，當一個領導人過度強調愛國主義的時候，會引起輿論和許多社會有識之士的批判。的確，不少為政者在政治運作遇到困難時，會嘗試尋找民族主義的元素來強化向心力，改善政治局面，提高自身聲望。譬如前韓國大總統李明博，當他的支持度每況愈下時，他跑去獨島（日稱「竹島」）塑造愛國形象，支持度一下子就回升了。然而，這是一時現象，在一個成熟的民主國家，愛國主義這種東西不能常用，很難長期有效，因為社會輿論、新聞評論是開放的，成熟的選民也會透過較理性的判斷，思考是否選擇濫用愛國主義的政治領袖。

民主國家還有許多機制來牽制為政者濫用愛國主義，但是非民主國家這樣的機制較少，危險性就比較高。非民主國家對愛國主義的理解也不成熟。記得我看過一個電視訪問，一位唱〈黃河頌〉的大陸女歌手在接受採訪時說：「我在國外演出的時候，聽到外國人批評中國人，心裡就很氣憤，我的愛國情感就出來了。」我認為這完全誤解了愛國的意義，反對別人批評中國怎麼就變成是愛國行為了？怎麼能把拒絕別人的批評上升到愛國的高度呢？

在缺乏民主機制的國家，執政當局如果過度利用民族主義或愛國主義，很容易走上危險的歪路，控制不好將引發與鄰國的摩擦甚至戰爭，當年德國法西斯和日本軍國主義就是因為從上而下操縱民族主義而引發了世界大戰。

我向來主張民族主義是一種自然的情懷，不應該由政府鼓動。而且不要把自己對愛國的定義強加於人，愛國沒有絕對的標準。我提倡在和平時期，愛國情感讓每個人各自理解就好，不應該由上而下去操縱、左右，並由政府來界定誰愛國、誰不愛國。

不宜多談「盛世」與「中國模式」

端：近年來「中國崛起」與「中國模式」的議論十分熱烈，以致有人宣稱要以「北京共識」取代「華盛頓共識」。比方說，中國社科院的賀文萍女士就主張中國應在非洲輸出意識形態，只靠蓋鐵路爭不過西方人，可是也有人提出應該警惕「中國模式陷阱」。我很想聽聽您對這個問題的看法。

林：我覺得這種宏大的敘述不是現在中國需要的，還沒到那個階段，鄧小平提出的韜光養晦現在都還未過時。今日很多人對「中國崛起」很興奮，覺得是盛世來臨，我擔心這會演變成一種不健康的民族主義。把現在中國人所理解的「中國價值」散播到全世界，全世界就會幸福嗎？我覺得這是需要理性思考的問題。我並不是強調美國的價值最好，我們也可以批評美國。可是更要思考的是：到底什麼叫「中國模式」？什麼又叫「北京共識」？這個要講清楚，包括「一帶一路」的目的是什麼？中國強大在什麼地方？是經濟力量嗎？是人文素質嗎？還是中國的體制？不能不清不楚地就歡呼盛世，認為全世界要接受中國這一套了，我覺得這太虛了，很可能引發許多反感、反彈。

我始終覺得，現在不宜多談「中國模式」。美國之所以在國際上有那麼大的影響力，不單單是靠軍事力量和它建立的國際組織。美國推行的價值是民主、自由、人權，雖然我不認為美國做的每一件事都符合民主精神和維護人權的準則，可是它大體上是在推崇、實踐這些價值，尤其是在美國國內的實踐有相當的成效，大多數國家也認同和接受。

那，中國又有什麼可以讓全世界信服的東西？中國的魅力在哪裡？除了經濟力量還有什麼？可能就講不出來了。所以我覺得「中國模式」的提法不是壞事，可以帶動大家討論，但要先理解這個模式的內容是什麼？中國還缺什麼？並不是生活水準提高就什麼都有了。為什麼中國人現在還沒有讓全世界肅然起敬？中國的體制在如何與世界接軌方面，存在著許多需要面對和克服的矛盾，現在的治理模式是「有中國特色」的，既然是中國獨有的特色，與眾不同，又怎能做為具普遍意義的模式推廣到其他國家呢？就以現今世界年輕人的生活方式來看，大家會接受一個沒有谷歌、沒有臉書、沒有推特、沒有YouTube的世界嗎？我想很困難。

所以說，如果想讓全世界接受中國那套，得先強化自身內涵。經濟是一非常重要的基礎，我高度評價這三十年來中國所取得的經濟成就，全世界絕大部分人也未抱持敵意或否定的態度來理解中國的經濟發展。但是在這個基礎之上，中國下一步要做什麼？中國還缺什麼？整個國家要朝什麼方向發展？這點並不清晰。沒多久之前才一窩蜂聚焦「西部大開發」，現在突然又來了一個新的宏大敘述，全中國都在高唱「一帶一路」。如果說「一帶一路」是為了強化和周邊國家地區的友好關係，自然值得肯定，但是也不一定非得透過「一帶一路」這樣舉國推動的國家戰略。美國沒有「一帶一路」，照樣和其他國家交往，照樣引領世界。

如果「一帶一路」只是帶動一條跨洲的經濟鏈，我想很容易就會被接受。可是如果打算透過這個來傳播中國的價值，並將中國獨特的體制擴散出去，這不是中國現階段應該思考的。剛才提到一些具中國特色的體制元素，這些東西不要說發揚光大到別的國家了，可能連一部分中國自己的國民接受時都有困難，比如北京當局所主張的主權範圍之內的香港和臺灣，就已經不太可能接受。最近我在撰寫一篇題為〈中國崛起症候群〉的論文，嘗試對「中國崛起」現象所引發對周邊國家地區乃至全世界的效應，做一理論性的探討。

中國現階段更應該好好思考的是，如何進一步與國際主流社會接軌，包括如何發展民主制度。現在除了「中國夢」，全中國不是也都在貼十六字「社會主義核心價值」嗎？裡面就有「民主」這兩個字。現在表面上是接受民主的，可是內容在哪裡？香港社會在「普選」問題上爆發那麼大的反彈，要如何讓香港人信服，如何讓臺灣人信服，如何讓國際社會信服？中國應該以更謙虛、更包容、更開放的心態，思考自身體制的問題和價值取向。

中國學生最勤奮用功

端：您分別在臺灣與日本教過書，也常在大陸講學。您認為這三個地區的學生有什麼不同？對老師的要求又有什麼相異之處？

林：這幾個國家地區的發展階段不同。日本是亞洲第一個先進國家，也幾乎是第一個民主國家，所以它各方面都發展得比較早、比較快。近代以後中國發展得比較慢，近三十年才剛剛崛起，中國也自稱是發展中國家，當然這句話可以做更細膩的分析，北京和上海等中國一級大城市，甚至在硬體方面已經達到先進國家的水準了。

不過，中國有一點比較特別，就是資訊不完全透明，對境外資訊有相當的限制。這造成了學生對外面的世界比較好奇，也比較不了解，他們無法與世界其他國家或地區的學生在同樣的平臺上接受同樣的東西。我經常在大陸講學，時而被問到一些在其他地方不會被問到的問題，反映了政治因素與資訊限制的影響。

不過話說回來，我其實最喜歡在大陸講學。（插話：啟蒙工作最有意義。）中國學生很勤奮、很認真，比較願意思考，也會思索國家和社會的未來，這和中國過去這些年的快速發展很有關係。這個現象也是我接觸過的日本、臺灣、香港學生比較缺乏的，雖然他們不少年輕人最近也在積極思考，甚至開始行動了。

日本在教育方面，有個特徵與它的社會結構及運行模式有關。傳統上日本人對公司很忠誠，把公司當成家。而在讀大學之前，日本學生很辛苦，從小就一直補習，很晚才回家，大學則是難進易出。進了公司之後其實也很辛苦，一輩子奉獻給公司。說穿了，大學四年是人生中唯一的黃金自由時期，因此很多學生進了大學就不那麼用功了。而且日本是進公司以後會重新培訓，讀什麼科系差別不大，這也是很多日本學生上了大學就不那麼勤奮讀書的原因。以大學來說，日本學生最不用功，中國學生最勤奮，港臺學生居中，很多人只是在混學位、混文憑，所以我比較喜歡大陸的學生，在大陸講學比較有充實感，感覺比較有意義。

還有一點是，學生的選題不太一樣。在大陸以外的地方沒有任何禁忌，只要論文是根據學術論文的規範寫出來，不可能不讓學生畢業。在日本，你說釣魚臺是中國的會讓你畢業，在大陸你反過來說可以畢業嗎？整體而言，大陸的學術環境不太自由，然而，個人的思想可以很自由的，我就見過思想上非常自由活潑的學生，但大環境確實會有影響，也就是限制的確產生了效果，否則就沒必要花上比國防預算還高的財政支出來「維穩」了。

相反，大陸以外地區的華人學生因為資訊沒有限制，言論環境比較自由，思維整體來講也比較活潑、比較大膽。譬如香港高中生可以「反國教」，說這樣的科目、這樣的教科書我們不要，臺灣高中學生最近也在「反課綱」，這種現象在大陸不太可能發生。「反國教」、「反課綱」的可貴之處不在於觀點對錯，而在於年輕人敢於反對權威、敢於站出來表達不同的觀點，社會也容許這樣的聲音。

此外，科目也有不同的地方。中國有政治課（插話：深惡痛絕啊。基本上是學生最痛恨的一門課），外國也有政治學這門課，但不是告訴你怎麼愛國，而是告訴你政治是怎麼一回事，政府怎麼運作，這點截然不同。

少一點高調愛國，多一點普世關懷

端：最後一個問題。您是否對「東亞共同體」有過想像，類似歐盟那種？

林：我在北大、南開等大學都講過「東亞共同體」的問題。這個話題三、四年前在東亞地區有不少議論，後來因為日本與中國在釣魚臺列嶼問題上發生激烈衝突，現在變得很少人談了。不過我仍然認為，歐盟的進程是人類發展的方向，我也相信東亞地區未來仍會朝超越國家、超越主權、超越國界的方向邁進。

最後我想送給大陸年輕人一句話，我希望有更多的年輕人能夠理解，我也相信這句話對整個國家、民族、社會的發展是正面的、健康的。

這句話是：「少一點高調愛國，多一點普世關懷。」我發現在兩岸三地或東亞國家，中國講愛國講得太多了，我提倡的是將愛國情懷化為對身邊的人和事物的關心和愛護，這樣社會和國家自然就會和諧、穩定。過於高調談論如何愛國，反而容易忽略對周遭的關懷。還有，我這裡講的是普世關懷，不是強調「普世價值」，普世關懷既是人對人，也是人對社會。「普世關懷」不一定得和愛國連在一起，但如果能好好落實下去，我相信社會和國家一定會變得更美好。

端：謝謝教授。

HISTORY 系列 032

誰是中國人：透視臺灣人與香港人的身份認同

作　者—林泉忠
主　編—邱憶伶
責任編輯—ANNA
責任企畫—葉蘭芳
封面設計—ERIN LEE
內頁設計—張靜怡

總 編 輯—李采洪
董 事 長—趙政岷
出 版 者—時報文化出版企業股份有限公司
一〇八〇三臺北市和平西路三段二四〇號三樓
發行專線—（〇二）二三〇六—六八四二
讀者服務專線—〇八〇〇—二三一—七〇五
（〇二）二三〇四—七一〇三
讀者服務傳真—（〇二）二三〇四—六八五八
郵撥—一九三四四七二四時報文化出版公司
信箱—臺北郵政七九～九九信箱

時報悅讀網—http://www.readingtimes.com.tw
電子郵件信箱—newstudy@readingtimes.com.tw
時報出版愛讀者粉絲團—https://www.facebook.com/readingtimes.2
法律顧問—理律法律事務所陳長文律師、李念祖律師
印　刷—勁達印刷有限公司
初版一刷—二〇一七年九月一日
初版二刷—二〇一九年十一月四日
定　價—新臺幣三〇〇元

時報文化出版公司成立於一九七五年，
並於一九九九年股票上櫃公開發行，於二〇〇八年脫離中時集團非屬旺中，
以「尊重智慧與創意的文化事業」為信念。

誰是中國人：透視臺灣人與香港人的身份認同 / 林泉忠.
-- 初版. -- 臺北市：時報文化, 2017.09
224 面；14.8×21 公分. --（HISTORY 系列；32）

ISBN 978-957-13-7100-9（平裝）

1. 兩岸關係　2. 政治認同　3. 言論集

573.09　　106013206

ISBN：978-957-13-7100-9
Printed in Taiwan